¡ENCADENADOS PARA SER LIBRES!

Conciertos de Oración en cinco continentes

"Haz una cadena, porque la tierra está llena de delitos de sangre, y la ciudad está llena de violencia…" Ezequiel 7:23

TRECIENTOS SESENTA Y CINCO ESLABONES FORMANDO LA PODEROSA CADENA – C.I.D.I. – CADENA INTERNACIONAL DE INTERCESORES.

LORETO ABEL DICESARE

WESTBOW
PRESS®
A DIVISION OF THOMAS NELSON
& ZONDERVAN

Puede hacer pedidos de libros de WestBow Press en
librerías o poniéndose en contacto con:

WestBow Press
A Division of Thomas Nelson & Zondervan
1663 Liberty Drive
Bloomington, IN 47403
www.westbowpress.com
1 (866) 928-1240

ISBN: 978-1-9736-4585-6 (tapa blanda)
ISBN: 978-1-9736-4587-0 (tapa dura)
ISBN: 978-1-9736-4586-3 (libro electrónico)

Número de Control de la Biblioteca del Congreso: 2018913725

Información sobre impresión disponible en la última página.

Fecha de revisión de WestBow Press: 03/18/2019

CONTENIDO

PRÓLOGO

PASTOR LORETO DI CESARE,

Escribo estas palabras con un nudo en mi garganta. Me emocionan los hombres y mujeres con total dependencia del Espíritu Santo. El Pastor Loreto Di Cesare, mi amigo, mi ejemplo, mi querido compañero de milicias es uno de ellos. Su vida de oración es un desafío para todos nosotros. Ha sido incansable y profundamente comprometido con el Señor. Durante muchos años viajó con nuestro ministerio. Nos antecedió en las Cruzadas para "respirar" el aire espiritual de cada ciudad dónde iríamos. Recuerdo la ocasión cuando, en uno de esos días de cruzada, el tiempo se tornó lluvioso. Al aire libre era muy difícil celebrar el evento bajo lluvia. Loreto, al estilo de Jesús, le habló a las nubes, al viento y a la tormenta que se avecinaba. El viento cambió drásticamente su rumbo y los chubascos cesaron. La oración para Loreto no es simplemente para dar gracias por los alimentos y pedir por necesidades. Para Loreto es un arma poderosa de guerra espiritual. Doy gracias a Dios por este libro. Es el trabajo de años de un hombre cien por ciento del Señor y representa la belleza de su carácter y confianza en el Señor. Recomiendo esta obra con todo mi corazón, y aliento a mujeres y hombres a imitar al Pastor Loreto Di Cesare. Nos urge recobrar la fe, la humildad y entrega de los padres de la fe bíblica; Loreto, es uno de ellos.

Alberto H. Mottesi
AMEA
Asociación Evangelística Alberto Mottesi

PREFACIO

"Estaremos caminando al borde de un Rio lleno de agua que saciará nuestra sed y producirá en nosotros ríos de agua viva." San Juan 7:37-39 "En el último y gran día de la fiesta, Jesús se puso en pie y alzo su voz, diciendo: Si alguno tiene sed, venga a mí y beba. 38) El que cree en mi, como dice la Escritura, de su interior correrán ríos de agua viva. 39) Esto dijo del Espíritu Santo que habían de recibir los que creyesen en él; pues aún no había venido el Espíritu Santo, porque Jesús no había sido aún glorificado."

Nací en un hogar bendecido con padres que precisamente al tiempo de que mi madre me diera a luz como su primer hijo, ellos tenían la bendita experiencia de nacer de Nuevo, recibiendo a Jesús como su Salvador personal. Eso me dio la oportunidad de crecer en un ambiente espiritual lleno de amor y de la gran influencia de padres que amaban la Palabra de Dios, la Biblia, y me compartían desde el principio las enseñanzas de las Escrituras.

A la corta edad de cinco años, viviendo en un ranchito en medio del campo en la Provincia de Mendoza, República Argentina; en una noche muy especial, sobrevino sobre mí el temor y miedo de morir repentinamente e irme al infierno y con gran llanto y aún gritos al punto de pánico, mi padre acudió a socorrerme y en su sabiduría me llevo a recibir en mi corazón a la Persona más maravillosa del Universo, esa noche Cristo transformo mi temor e inseguridad del miedo de morir e irme al infierno, en la gloriosa experiencia de recibir su paz, su amor y la seguridad de mi eterna salvación.

Al correr de los años, fui bendecido en crecer bajo la cobertura espiritual de la Iglesia Cristiana Evangélica de Luján de Cuyo, Mendoza, donde pastoreaba nuestro muy amado Don Francisco Zinna con un grupo de Ancianos Sobreveedores, entre los cuales fielmente servía mi padre Don Juan Di Cesare, desde el comienzo de esa obra.

Al tiempo de haber ya formado mi hogar con mi BELLA y AMADA esposa Nora con una familia compuesta por tres hermosos hijos, Dios nos abrió la puerta para emigrar a Los Estados Unidos de

América cuando ellos aún eran niños; Carlos de 6 años, Gracielita de 4 años y Samuel de 2 añitos solamente. Aquí, en Houston, ¡Texas y con los fulgores de una nueva aventura de fe comenzaba una nueva etapa en nuestras vidas de servicio para nuestro gran Dios y Salvador Jesucristo!

Ya viviendo en Houston la familia fue muy bendecida con la llegada de dos amadas hijas más, Claudia y Rebecca, llenando Dios nuestra aljaba con las fantásticas 'cinco flechas ... ' (Salmo 127:3-5)

Con el correr de los años se presentaron oportunidades para colaborar en programas radiales en la única estación de habla hispana en la ciudad de Houston en ese tiempo, ¡Radio Morales! También nacieron grandes oportunidades de conocer a muchas familias hispanas que nos escribieron solicitándonos la Biblia en español que ofrecíamos gratis a nuestros radio-oyentes. Una de las primeras cartas que recibimos fue de un padre muy afligido por la enfermedad terrible del cáncer que sufría su hijita de apenas 7 años de edad, en ese tiempo nuestro amigo y hermano en Cristo no disfrutaba del gozo de la salvación, pero esta situación le llevo a escribirnos a nuestro programa radial y el gran milagro opero la sanidad de su hijita y también recibir la salvación de él y toda su familia. Jesse Gonzales siguió a Jesucristo con fervor y mucho entusiasmo, sirviendo al Señor junto con su familia.

Y entre otras cartas de aquellas primeras, también quiero mencionar a la familia Guillén de Pearland, Texas; una jovencita de apenas 14 años de edad, Elia, nos escribió solicitando la Biblia en español, cuando Ramon y Ester (Chiquita) Borrás llegaron a la dirección indicada llevándoles la Biblia, se encontraron con una gran familia compuesta por 11 hijos, nos dimos cuenta que ya teníamos la audiencia necesaria para comenzar con reuniones de escuela bíblica allí, lo cual produjo la bendición de que no solo la familia Guillén sino también los Moreno y otros más vinieran a ser parte de la grande y bendecida familia de Dios ... Y entre las bendiciones extras y muy especiales, en los miembros de esta querida familia Guillén, se encontraba la que hoy es nuestra nuera Elida, esposa de Samuel. - ¡ASÍ HACE TODAS LAS COSAS NUESTRO BUEN PADRE Y GRAN DIOS!

AGOSTO OCHO DEL MIL NOVECIENTOS SETENTA Y OCHO.

Eran aproximadamente las 10.00 AM estábamos un buen grupo de hispanos reunidos en un retiro espiritual a las orillas de un hermoso lago, era un lugar de campamentos, cerca de Chicago, Il. y un reconocido pastor de México exponía un poderoso mensaje basado en el Evangelio de San Marcos presentando a la persona extraordinaria de Jesucristo como el Siervo perfecto. El Espíritu Santo comenzó a tratar conmigo mostrándome una vez más la oportunidad de tomar la decisión de servir al Señor de tiempo completo e inmediatamente se desato dentro de mí el conflicto de voces que me incitaban a desistir mostrándome la responsabilidad de mantener a la familia con cinco niños como ya había sucedido muchas veces antes, pero esta vez la voz del Maestro y Señor fue más intensa y más fuerte que nunca, y en medio de la reunión surgió un dialogo con EL. Le dije: Hoy descargo toda responsabilidad de provisión para toda la familia en todas nuestras necesidades sobre TI y descanso confiando plenamente en tu cuidado y sustento para todos nosotros. De mis hombros rodo una pasada carga y con una paz que sobrepasa todo entendimiento regrese a casa lleno de gozo y de entusiasmo.

El día siguiente llegue a mi lugar de trabajo y hablando con el jefe y dueño le explique lo sucedido en mi viaje y la decisión de dejar mi puesto en su compañía, su primera reacción fue felicitarme y después mostro su inquietud por la necesidad de tomar a otra persona que ocupara mi lugar, yo le respondí que el día ocho de Setiembre él tendría cubierto ese lugar y todo estaría controlado por nuestro Padre celestial.

Ese fue el anhelado día en que Dios abrió las hermosas puertas del servicio a ¡tiempo completo! ¡Dios es fiel, ya han pasado muy muchos años en los cuales puedo testificar de la grandeza de su amor y su tierno cuidado no solo conmigo mi esposa y los cinco hijos, sino que al tiempo de escribir estas bellas palabras estoy rodeado de muchos maravillosos nietos que sirven al Señor y aún biznietos que aman a su Señor y Salvador!

En el correr del tiempo nuestro Dios fue llevándonos a diferentes ministerios dándome la oportunidad de realizar varios viajes misioneros.

A mediados del año 1989 viajé a la República de Honduras, estando en pleno vuelo, en un tiempo de oración comencé a visualizar dentro de mi algo que me pareció extraño, tenía la visión de una gigantesca cadena que se extendía por la línea del Ecuador alrededor de toda la tierra. Sabía que no estaba soñando, ya que no estaba dormido. Sentí que era importante lo que se me mostraba. Busqué por algún tiempo en oración el poder interpretar y entender que significado tendría; un día leyendo el capítulo 7 de Ezequiel, cuando llegué al verso 23, fui profundamente impactado por el contenido de ese versículo, que literalmente abrió la puerta a un Nuevo ministerio. "Haz una cadena, porque la tierra está llena de delitos de sangre, y la ciudad está llena de violencia." Esto me conmovió profundamente y humillado en su presencia traté de comprender que significaba en mi vida esta visión. Me di cuenta de que Dios estaba indicando algo muy especial. ¡Me mostraba la urgente necesidad de levantarnos en unidad a un llamado mundial de oración, intercesión y Guerra Espiritual!

EL ESPÍRITU SANTO REVELA EL PLAN COMPLETO.

A los pocos días fui sorprendido por un llamado desde Los Ángeles, California, invitándome a participar en el muy conocido internacionalmente Ministerio Evangelístico Alberto Mottesi como director coordinador de Oración e Intercesión, comenzando de esta manera el Ministerio C.I.D.I. Cadena Internacional De Intercesores. Dios me abrió grandes puertas para salir y viajar por todo el Continente Americano y visitar Europa, Asia, África y Australia.

CAPITULO 1

HACIENDO UN POCO DE HISTORIA

Una de mis primeras experiencias *misioneras* fue al final de la década del ochenta viajando con un hermoso grupo de jóvenes a un pequeño pueblo llamado Hutchinson, en el Estado de Kansas. Se levantó en un lugar céntrico de la ciudad una carpa y allí noche tras noche compartimos la Palabra de Dios. Fuimos anunciados por el diario principal, en la portada, con fotos tocando mi acordeón, como si fuera un gran evento para ellos. Mostramos la película de Niki Cruz una noche y mi comentario durante el mensaje fue: "Esto no sucede aquí, ustedes viven en un lugar tranquilo y seguro, pero compartimos lo que sucede en las grandes metrópolis como Nueva York y otras grandes ciudades para que puedan ver lo terrible de la violencia y el crimen." ¡Para mi gran sorpresa, esa noche estaban sentados viendo la película miembros de una famosa y peligrosa pandilla local! Con gozo vimos algunos de ellos ser tocados por la poderosa Palabra de Dios y recibir a Cristo como Salvador personal.

Mérida, Yucatán

El alacrán, el avión y el aeropuerto

En México hay lugares espectaculares llenos de belleza natural y muy concurridos por el turismo. Mérida tiene sus atractivos y lugares muy antiguos como las pirámides. Fui invitado por un querido pastor a compartir una serie de reuniones con Campaña Evangelística allí en Mérida. En el mismo día luego de llegar al aeropuerto me llevó junto con su familia a conocer las famosas pirámides de Mérida.

1

Al regresar, después de medianoche, el pastor con mucho interés me contó de su experiencia al llegar una noche a su casa y retirarse a descansar, cómo ya en su cama fue visitado y atacado por un ¡venenoso alacrán! Después de haber yo tenido una larga y cansadora jornada, llegamos a su acogedora casa. Él y su amable esposa me cedieron su dormitorio para pasar allí la noche... Al recostarme observé en una de las esquinas de las paredes del dormitorio un enorme alacrán negro y listo para pasar la noche conmigo ¡allí ...! ¡Fue la primera vez que en mis experiencias de viajes misioneros me pasé casi toda la noche sentado en una silla y orando!

Ciudad de Guatemala

El avión

Para llegar de Mérida a Guatemala hacíamos escala en la ciudad de Guatemala, pero no se podía desembarcar allí, debíamos continuar hasta El Salvador y regresar después a Guatemala. El viaje se desarrollaba normal y hasta placentero, sin muchos pasajeros a bordo, aunque estábamos un poco en desacuerdo con esa disposición de no poder desembarcar en Guatemala estando ya allí. Faltando un poco más de media hora para llegar a Guatemala, notamos la falla de uno de los motores y todo el avión comenzó a estremecerse de una manera alarmante. ¡Creo que todos los pasajeros se convirtieron en creyentes evangélicos! Todos oramos pidiendo la ayuda de Dios para ser librados de un trágico accidente. Ciertamente todo *"lo que Dios permite obra para bien a los que aman a Dios, a los que conforme a su propósito son llamados."* (Romanos 8:28) Esta situación nos ayudó a no seguir el viaje hasta El Salvador, para regresar nuevamente a Guatemala. Todos desembarcamos allí felices y agradecidos a nuestro buen Padre celestial por su cuidado y protección.

2

San José, Costa Rica

El aeropuerto

En este mismo viaje, desde Mérida, Yucatán y después de visitar la hermosa ciudad de Guatemala me encontré en San José, Costa Rica, saliendo del aeropuerto sin tener ninguna dirección. Como le pasó a Abraham, salí sin saber a dónde iba y para colmo con solo veinte dólares en mi bolsa. Di unas cuantas vueltas con el taxi y al final vi un restaurante McDonald y allí me bajé para solo tomar una taza de café. Después tomé otro taxi y cuando había viajado unos cinco minutos y pasaba frente a uno de los hoteles cinco estrellas le pedí al taxista que me dejara allí. Seguramente el taxista pensaría que sería yo uno de los hombres más ricos de la ciudad de San José. Pero Dios es maravillosamente bueno y justo a media cuadra de aquel hotel estaba la compañía telefónica. Antes yo había solicitado hablar por teléfono en el hotel y por solo usarlo me cobraban exactamente veinte dólares, ¡todo mi capital! Caminé la media cuadra y allí en las instalaciones de la compañía de teléfonos hablé cómodamente a Houston contándole al Pastor mi *aventurada* situación. Él me puso en contacto con un pastor de San José, quien vino por mí al hotel. Cuando me vio, me recibió con una atención muy fina y con mucho respeto. Pero algo sucedió desde la puerta del hotel hasta donde estaba su automóvil que cambió completamente su actitud. Mientras viajábamos, comencé a sentirme muy incómodo, al punto de pedirle que me dejara bajar de su auto, no quería comprometerlo en ninguna manera. Después de una oración (al mismo momento que hablaba con él oraba la oración modelo de Nehemías,) entramos a unas oficinas donde operaba su ministerio y él allí comenzó a hacer llamadas telefónicas. Me llamó a su escritorio y sentado enfrente de mí me pidió perdón diciendo que muchos sin saber hospedaron ángeles y no quería ahora perder la bendición y sin más subimos nuevamente a su automóvil y me llevó directamente a su hermosa casa donde disfruté de un ambiente lleno del amor de Dios. Participamos después en unos conciertos de oración muy poderosos. En uno de ellos, al finalizar se acercó una señora joven llorando y pidiendo perdón porque siendo ella hija de pastores aún no había recibido a Cristo como su Salvador personal y siendo ya esposa y madre de dos o tres hijitos. Estaba actuando y trabajando en la iglesia en diferentes ministerios y ese día ella se dio cuenta de su gran necesidad de entregar su vida a Jesucristo. Lo recuerdo con mucha emoción y gratitud a Dios. Si solamente ese hubiera sido el único fruto, valió la pena haber vivido experiencias tan difíciles. Estando en la casa de estos buenos y destacados pastores, el Señor me dio la oportunidad de ministrarles como pareja, como matrimonio, y él mismo me bendijo con una generosa ofrenda amablemente, llevándome él a tomar mi avión de regreso a Houston. ¡Así actúa nuestro gran Dios y buen padre!

CAPITULO 2

MÁS ALLÁ DE LAS FRONTERAS

¡Más allá de lo imaginado!

Siempre me gustó la música. Cuando era un niño de aproximadamente diez años de edad, en la inocencia y sencillez de corazón, le pedí a mi Dios que me permitiera tocar instrumentos musicales, pero con la condición de... 'solo música para ti Señor'. Pensaba poner una nota sobre el piano de casa que dijera 'aquí no se toca música mundana... solo himnos'. Nunca podré olvidar los maravillosos tiempos de mi adolescencia y juventud, cuando cada domingo por la noche era una cita infaltable de todo un hermoso grupo de primos y demás amigos rodeando ese piano y pasando horas de cánticos de alabanza y exaltación a nuestro Dios. ¡Dios contestó la simple oración de este niño y mucho más! Desde los trece años de edad comencé a tocar lo que le llamábamos el armonio, después el órgano y el acordeón por años y años. Dios transfirió ese don a nuestros hijos y nietos y ahora lo puedo ver ¡hasta en nuestros bisnietos!

En la Iglesia Cristiana Evangélica de Houston el Señor me permitió el privilegio de dirigir un coro de más de veinte voces.

Nunca olvidaré una de las primeras experiencias de ser robado. Por tener que dejar mi auto en el Freeway al regresar noté que me habían llevado la primera y muy linda acordeón que generosamente me donaron los muy amados hermanos que iniciaron una de las primeras iglesias de habla hispana en Houston, Texas que en aquel tiempo se reunían en un garaje del edificio de la Iglesia de South Houston. ¡Pero siempre lo que Dios permite obra para bien! Al poco tiempo recibí en una donación muy generosa, una acordeón nueva de 120 bajos, ¡bellísima! ¡Porque así hace las cosas nuestro grande Dios y buen padre celestial!

5

Decisiones importantes

Cuando llegó el momento de decidir obedecer al llamado que Dios nos había hecho desde mucho tiempo atrás, de dedicar nuestras vidas al servicio del Señor de tiempo completo, anunciamos a la congregación que su aporte financiero para nuestro sustento estaría sujeto a la completa dirección del Espíritu Santo, en cuanto a cantidad, en cuanto a tiempo de proveerlo y que no era un compromiso ni obligación permanente hacia nosotros, simplemente que obedecieran la directiva del Espíritu de Dios.

Después de seis años de servir a Dios en la congregación, Él nos abrió una puerta amplia de gran oportunidad para equiparnos y desenvolver un trabajo más efectivo en el campo misionero. Fue entonces que, con nuestra hija menor, Becky de solo nueve años de edad, nos trasladamos a Wheaton, Il. Llegamos a *International Team* donde fuimos muy bendecidos con un entrenamiento para plantar Iglesias. El curso duró seis meses y regresamos nuevamente a Houston, nuestro antiguo hogar. Allí iniciamos una nueva obra que nos brindó el gozo de compartir la Palabra durante dos años. Pasado este tiempo nos incorporamos con Iglesia Sobre La Roca (I.S.L.R.), donde hemos permanecido ya por muchos años.

Nuestro ministerio en I.S.L.R. fue con misiones, y desde allí el Señor me ha llevado a los cinco continentes, veintiséis países, noventa ciudades. En cada una de ellas viví experiencias extraordinarias que han demostrado la gracia y el poder sobrenatural de nuestro maravilloso Dios.

CAPITULO 3

RECIBIENDO PALABRA PROFÉTICA

EUROPA. ROMA, ITALIA.

En mi primer viaje a Roma, conocí un matrimonio misionero lleno de entusiasmo y con la dinámica de una vida de oración. Una noche me invito a ir a uno de los siete montes que rodean al Vaticano y desde ese lugar levantamos suplicas e hicimos guerra espiritual sintiendo las tremendas fuerzas de oscuridad luchando y declarando el poder de la luz en esa esfera. Después fuimos con su familia a las puertas de La Basílica de San Pedro y allí elevamos un poderoso Concierto de Oración, alabando a nuestro Todopoderoso Dios y derribando principados y fortalezas con el arma invencible de la 'Sangre del Cordero' Después se me brindó la oportunidad de compartir la Palabra de Dios en su Iglesia con interprete del español al italiano. Fue de gran bendición.

En otro viaje por Roma, visitando el famoso Coliseo, meditando en la dolorosa historia de mártires cristianos que entregaron sus cuerpos a los feroces leones sirviendo de entretenimiento a una multitud de gentes crueles e indiferentes e insensibles al terrible sufrimiento de estos fieles hombres y mujeres y niños, que totalmente entregados a un profundo amor por Aquel que les amo primero, amor a Jesús el Señor, daban sus vidas con cánticos de alabanza y adoración a Dios. Después caminamos unas cuantas cuadras y me emociono profundamente, impactando mi vida para siempre, el poder entrar en la cárcel donde el gran Apóstol Pablo estuvo prisionero, y desde donde él escribió varias de sus Epístolas del Nuevo Testamento. Como el mismo Apóstol lo dijo: "De tal manera que mis prisiones se han hecho célebres en Cristo …"

ESPAÑA: Tanto España como Italia son los países de nuestros ancestros, abuelos italianos y abuelos españoles, lo clásico de una gran cantidad de familias en Argentina y otros países de Latino-América ... ¡Visitarlos en diferentes oportunidades ha sido una gran aventura! No tengo duda alguna en distinguir la guía y dirección del Espíritu Santo cuando EL envía con propósito especifico a diferentes lugares. Este fue el caso para viajar a esta gran ciudad, Barcelona. La historia comienza en Santa Fe, Argentina. Terminando un gran evento pre-congreso de la Asociación Billy Graham, iniciaba mi viaje a la ciudad de Buenos Aires a las tres de la mañana. Me permitieron elegir el número de asiento, era el Nro. 1- la alternativa era el último asiento, para mi gran sorpresa tendría una joven señora sentada a mi lado, a ella le habían ofrecido de la misma manera, o el asiento número 1 o el asiento último; la cual inmediatamente se identificó como hija de Pastor Evangélico y en los comienzos de nuestra conversación con Nancy me di cuenta que todo estaba arreglado por EL, cuando me pregunto si conocía a Daniel Di Cesare, mi propio hermano, a Daniel Martin, mi primo hermano y a otras personas que se habían hospedado en su casa, en Barcelona, España, me causo gran sorpresa y me di cuenta que todo esto no era una mera coincidencia si no un perfecto plan de Dios! ¡Llegando a Buenos Aires dimos por sentado que nos veríamos en BARCELONA! Y definitivamente así fue, más de una vez hemos tenido el honor y privilegio de compartir y celebrar Conciertos De Oración allí ... Pero esta no era mi primera visita a Barcelona.

Varios años antes llegué allí a las 11:00 de la noche sin conocer a nadie, sin lugar de hospedaje, cuando salí de la estación del tren subterráneo me encontré con hermosas avenidas en diagonales, muy parecidas al centro de la ciudad de Buenos Aires, al caminar menos de una cuadra encontré un hotel familiar donde pude descansar cómodamente. En la mañana decidí encontrar una iglesia para visitar, me sorprendió que solo a dos cuadras estaba ubicada una Iglesia evangélica grande al llegar a la hora indicada de comenzar el culto, me encontré con un anciano que empujaba una gran puerta de hierro, al pasar por un largo pasillo entramos a la antesala del santuario, que estaba con sus luces completamente apagadas. En ese hall le ayudé al anciano a colocar unas pocas sillas, eran seis sillas, él me dijo que eran suficientes - ¡"pues no vienen muchos a la oración!" me dijo; Y comenzó a hablar de los terribles tiempos de la "Santa Inquisición." Como si los encapuchados estuvieran por las calles aún persiguiendo a los cristianos, yo le comenté que ya no vivíamos en esos tiempos, que precisamente durante esa tarde, mientras caminaba por una de esas anchas y hermosas veredas, ¡¡había visto a jóvenes cristianos en la vía pública ofreciendo a la gente el Nuevo Testamento y contándoles libremente como el poder de Dios transforma a un drogadicto en una persona llena de gozo y vida eterna!! Ya pasados los quince minutos del horario para iniciar el culto, apareció el pastor que con una expresión de poco amigo extendió su mano saludándome como guardando distancia. Comenzó el servicio con una canción, una oración, continuó con una Escritura y un breve mensaje de 5 minutos criticando a los movimientos de avivamiento. ¡En 25 minutos se terminó todo! ¡AH! Y la asistencia a esa importante reunión de oración se componía de: el anciano, el pastor y yo, dos miembros de la congregación y una visita que fue despreciada. Al terminar llegaron dos hermanos allí, miembros de una iglesia cuyo pastor había sido hospedado en nuestra casa, en Houston, Texas, (ahora yo estaba en otro Continente) quise identificarme con ellos, ¡quienes junto con el pastor me dieron las espaldas y nunca ni siquiera reconocieron que otro ser humano estaba allí presente! Salí de ese lugar dispuesto a encerrarme en mi cuarto y llorar amargamente, dándome cuenta de que no es España LA DURA" sino la iglesia es la más que dura, completamente insensible a su responsabilidad ... Pero aquí no terminaba la historia ... En vez de doblar en la esquina para dirigirme al hotel, el Espíritu Santo prácticamente me tomó por la oreja y me introdujo, cruzando la calle al lugar de donde había salido la noche anterior, es decir, bajé por las escaleras del subterráneo; ¡y que espectáculo! En una rotonda y allí abajo, en la parte principal *de* salidas de la estación de los trenes estaban colocadas unas 20 mesas con figuras de brujos, el tarot, y otros objetos de hechicería y en cada una, brujos tratando de 'ministrar' a la gente. ¡Mi espíritu se enardeció y con una furia y gran dolor en mi alma comencé a caminar alrededor de esas mesas dando varias vueltas y clamando en mi espíritu por misericordia por aquéllos que ciegamente eran conducidos a una esclavitud mayor! En cierto momento me detuve frente a una mesa y el hombre no tenía 'pacientes' en ese momento, y me ofrece sus servicios de esta manera: "Hombre, ¿quiere que le diga su futuro?" poniendo mis manos sobre la mesa, entre las velas, y acercando mi rostro y mirándole directamente a sus ojos, le dije: "Hombre, yo se mi futuro; ¿quieres que te diga el tuyo?, tu futuro es de gloria, de paz de gozo, de perdón de vida eterna, de liberación de los lazos del Diablo, tu destino es la casa del Padre; si arrepentido le confiesas a Jesucristo como tu Salvador y Señor de tu vida ¡serás salvo!!" su respuesta era: "ojalá, ojalá, ojalá ..." Sentí inmediatamente un profundo gozo y creo que aquel hombre recibió a Cristo en ese momento; corrí hasta el hotel en busca de mi cámara para tomar una foto y tener un récord de tanta actividad satánica, al regresar a los 5 minutos, todos habían levantado sus mesas y se fueron muy rápido. Me lamenté de no poder tomar la foto, pero el Señor me mostró que simplemente un ¡pequeño rayo de luz era suficiente para hacer correr a las tinieblas!!

CAPITULO 4

POR LOS SENDEROS DE AMÉRICA

ARMENIA, COLOMBIA

Hermosa ciudad situada al este de Cali. Legué a Armenia con el plan de tener allí Conciertos de Oración. Fui hospedado en una casa grande donde vivía una señora viuda con sus doce hijas, la mayoría de ellas ya casadas. Me asignaron un cuarto con ventana a una de las calles laterales, cuando estaba instalándome allí, entro en mi un temor y un espíritu de sospecha que me hacía mirar por todos lados para descubrir por donde seria atacado con revolver para matarme. Después de pasar algunas horas vino el Pastor para acompañarme al lugar de reunión. Era un gran salón donde se juntarían como unas mil personas ese lunes por la noche para celebrar un Concierto De Oración.

Al estar conversando debajo de una de las grandes galerías de la casa donde estaba hospedado, entró un individuo que realmente cambió el ambiente donde estábamos reunidos conversando con la señora dueña de casa y algunas de sus hijas; este era el yerno de la señora dueña de casa y había vivido por algún tiempo en Los Ángeles, California, y allí se unió a una secta satánica junto con su esposa; ahora su esposa, hija menor de la familia, estaba internada en un Nosocomio, lugar para atender a personas dementes, trastornos mentales que adquirió al estar participando en la mencionada secta. Tenían dos hermosas niñas, una de siete años de edad y la otra de cinco. Cuando salimos con el Pastor de la casa, él me explicó que este hombre tenía el propósito de ofrecer a las niñas en sacrificio a Satanás.

Me enfrente al Pastor pidiendo que me explicara porque me había hospedado en semejante lugar. Casi le exigí que me sacara de esa casa, ¡yo no pasaría la noche allí!

11

Al comenzar el culto la gloria de Dios invadió el lugar, se comenzó a elevar una alabanza poderosa y mi corazón se fortaleció, a todo esto el Pastor le informa a la dueña de casa que su visita no regresaría, ella se entristeció mucho, pues ya tenía programada para el día siguiente una reunión con muchos familiares. Durante el Concierto de Oración y al entregar la Palabra se manifestaron muchas personas endemoniadas y Dios comenzó a obrar el gran milagro de liberación, a esta hora yo ya estaba más decidido que nunca que nadie me sacaría de esa casa donde Dios me había colocado con propósito, regresé allí con fuerzas de búfalo y al día siguiente más de cuarenta personas reunidas en esa casa grande, ¡recibían a Jesucristo como Salvador y Señor de sus vidas! ¡Gloria a Dios!

BELLO HORIZONTE, BRASIL

Mi experiencia en la ciudad de Bello Horizonte fue muy especial al tener oportunidad de visitar algunas Iglesias y compartir la visión de la CADENA INTERNACIONAL DE INTERCESORES. Una hermana de Brasil, que vivió su momento de conversión al Evangelio y fue bautizada en nuestra congregación, en Iglesia Sobre La Roca en Houston Texas, y comprometida con el Señor y su familia a establecer una Iglesia Sobre La Roca allí, me brindó la oportunidad de ver a miembros de su familia quienes recibieron a Cristo como Salvador.

Recientemente hemos tenido la oportunidad de visitar la gran ciudad de Sau Paulo y conocer a esforzados Pastores que trabajan en las zonas más difíciles y necesitadas llevando el gran mensaje de trasformación, luz y esperanza a los que son más difíciles de alcanzar. Menciono a un gran siervo de Dios que ha llegado a ser un amigo cercano y muy amado, que está lleno de fervor y entusiasmo, llevando esas energías y el gozo del Señor por donde quiera que él vaya, me refiero al Pastor Edycarlos Da Silva y a su hermosa familia con una Congregación pujante y trabajadora en el Reino de Dios.

Y así podría compartir hermosas experiencias vividas en otras ciudades y bellos países, como **Ecuador, Venezuela, Perú, Chile, Uruguay, mi amada patria Argentina, por las bellas ciudades de**

Buenos Aires, Santa Fe, Córdoba, Rio Cuarto, La Carlota, Venado Tuerto, Santa Isabel, Mendoza, Lujan De Cuyo, Tupungato, San Martin. Centro América y el gran País de México, ciudades en los Estados Unidos y Canadá.

Visitar Uruguay fue toda una experiencia de bendición y gloria recorriendo varias ciudades con el amado Pastor Alfredo Peña celebrando Conciertos De Oración, concluimos nuestra gira en la bella ciudad de Montevideo. Dios impactó grandemente en un poderoso encuentro de pastores y allí nació un movimiento de Oración e Intercesión por Uruguay que aún hoy, después de haber pasado ya muchos años, agrupa multitudes a nivel nacional para orar y reclamar a esa bella nación para el Reino de Dios.

CAPITULO 5

¡VIVIENDO EL SUEÑO DE TODO CRISTIANO!

¡JERUSALEN, ISRAEL!

Parecía que todo estaba de acuerdo para bloquear ese soñado viaje, estamos en el Aeropuerto Intercontinental de Houston, un pequeño grupo de miembros de I.S.L.R. listos para embarcar y nos llega la noticia de un terremoto en Los Ángeles, Ca. Lugar desde donde se iniciaría el vuelo de la persona promotora y encargada de la coordinación del viaje a Israel, me refiero a nada más ni nada menos que al internacionalmente reconocido evangelista Don Alberto Mottesi y su esposa Nohemí. En el otro extremo del País, lugar donde debíamos encontrarnos para desde allí tomar el avión de la compañía AL de Israel; ¡todo estaba cubierto con un gran manto blanco de nieve y también hielo! Una gran tormenta mayor de nieve en Nueva York que causaría el cancelamiento de vuelos. Parecía que sería imposible salir, en medio de la angustia del momento, dijimos que ¡nada ni nadie nos detendría! Saldremos para nuestro destino. Nuestro vuelo directo desde Houston a New York fue cancelado, pero teníamos la opción de volar hasta Dallas sin la garantía de poder continuar, sin embargo, estando en Dallas, Dios puso en el corazón de la persona que nos atendía la irresistible orden de ponernos a nosotros en el vuelo que llegaría a New York en el tiempo exacto para la combinación y poder continuar con el viaje soñado a Israel … ¡todos los vuelos fueron suspendidos esa noche! ¡El único que levanto vuelo con apenas 40 – o 50 pasajeros, contándonos a nosotros también, un 747 de la compañía AL de Israel!! Creo que el Señor sonreía y nosotros celebrábamos agitadamente.

Entre otras valiosas e imborrables experiencias de ese mismo viaje, recuerdo estar compartiendo un breve mensaje del evangelio en un lugar cercano a donde está la tumba de Lázaro. Al concluir se sintió un movimiento de varias personas que corrían para saludar a una señora de Puerto Rico que hizo su decisión de recibir a Cristo como su Salvador personal. El momento fue muy especial y emotivo porque los amigos que la invitaron para esta visita a Israel estuvieron orando por su salvación por ¡más de diez años!

Pasar unos momentos meditando dentro de la Tumba vacía fue vitalizante para mi fe: "EL NO ESTA AQUÍ, CRISTO HA RESUCITADO"

EL último viaje a Israel fue en Diciembre del 1999. El Dr. Alberto Mottesi me dió la oportunidad de compartir una meditación en el APOSENTO ALTO. La noche anterior estando ya durmiendo en el Hotel, a las dos de la mañana literalmente me despertó el Espíritu Santo y fue impresionante escuchar su voz hablando a mi espíritu con una voz casi audible, le escuché decirme: "donde estarás mañana, en el Aposento alto, yo estuve con mis discípulos, la noche en que sería traicionado y entregado en manos de los pecadores, cambié mis vestiduras y ceñido con una toalla, tomando agua en un lebrillo, comencé a lavar los pies de mis discípulos, ocupando el lugar de siervo, llegando a donde estaba Pedro, este se negó a que le lavara sus pies, mi exhortación a él fue: ¡Si no te lavares no tendrás parte conmigo! Su respuesta casi inmediata fue: Señor, no solo los pies, sino las manos y la cabeza …" Entonces el Señor me dijo: En este lugar yo le di a mi Iglesia naciente la llave de LA AUTORIDAD, ¿sabes? La llave de la autoridad en mi reino tiene la forma de TOALLA, en mi reino la autoridad esta sobre aquel que tiene corazón de siervo y actúa como tal. Y 50 días después, a los diez días de haber yo ascendido a la presencia del Padre, estando los 120 reunidos en este lugar, el Aposento alto; yo le entregué a mi Iglesia la llave DEL PODER, la llave del poder tiene la forma de 'lengua de fuego' la autoridad sin la fuerza del poder es completamente inútil e ineficaz, no produce ningún efecto. ¡Bautizado con el Espíritu Santo y fuego indefectiblemente cambiará la confesión de tu boca! Y el poder de Dios se manifestará en proclamación de la salvación, sanidad y liberación. Entramos a un Nuevo siglo, ¡el siglo 21! ¡Pasamos la barrera de un milenio! ¡Comenzó el 2000! Es un Nuevo tiempo para actuar dentro de la Iglesia con AUTORIDAD Y PODER."

CAPITULO 6

¡CAMINANDO POR INDIA Y PREDICANDO EL EVANGELIO!

¡INOLVIDABLE!

INDIA, GRAN PAÍS DE MULTITUDES Y MISTERIOS.

En mi primer viaje a Noida, India, me acompañó el Pastor Jorge Cárdena; como parte de entrenamiento nos tocó vivir una experiencia importante antes de salir para India, ese Domingo en Iglesia Sobre La Roca se vivió un momento lleno de unción y muchos pasaban para ser ministrados, mientras yo estaba ocupado, orando por una persona, una señora insistió mucho interrumpiendo la ministración para decirme que no debía ir a India, "allí, (dijo ella,) están matando a los pastores y misioneros" yo le respondí, gracias por avisarme, ¡ahora ya sé y me voy más tranquilo!

Llegando a Nueva Delhi sentimos una gran opresión espiritual y también un enorme choque cultural. En la segunda noche, ya tratando de dormir, vino a mi cuerpo un ataque casi fulminante que por momentos pensé que moriría allí mismo, después de orar con mi compañero de viaje, el hermano Jorge, todas las Escrituras que nos venían a la mente eran relacionadas a abandonar inmediatamente el lugar y regresar a Houston, obviamente no venían del Espíritu Santo, el enemigo lo hacía enfáticamente para corrernos de ese lugar. Muy temprano en la mañana vino el Pastor Omen Abraham, nuestro hospedador, y con mucha calma describió como las fuerzas espirituales trabajan para neutralizar a la obra de Dios y con una tremenda autoridad reprendió a todo espíritu maligno e inmediatamente vimos la victoria y disfrutamos de una gran semana de bendición, al salir el Domingo por la tarde hacia el aeropuerto, los hermanos nos acompañaron en un colectivo cantando canciones de alabanza y victoria que aprendieron ¡en español! Dios usó esa canción para crear en la iglesia y pasarlo a otras Iglesias un ejército poderoso de guerreros de oración. La simple pero poderosa canción era de dos cortas frases: "¡Alaba a Dios, y huye el enemigo"! Gloria a Dios!

Hemos regresado en otras varias ocasiones y hemos visto la multiplicación de obreros preparados en el Colegio De Evangelización que funciona en la Iglesia en Noida, ciudad vecina de la capital, New Delhi. ALGUNOS DE ESOS BRILLANTES ESTUDIANTES DESPUÉS DE GRADUARSE Y COMENZAR SU MINISTERIO AL POCO TIEMPO FUERON MÁRTIRES POR LA CAUSA GLORIOSA DEL EVANGELIO.

En los tiempos de graduación del Colegio Bíblico me han acompañado varios hermanos de Iglesia Sobre La Roca, entre ellos Jorge Hernández, graduado de Cristo Para Las Naciones, en Dallas, Texas. También su padre, mi amigo y consuegro Otoniel Hernández, ¡y siempre hemos visto el gran triunfo de la Luz sobre las tinieblas!

CAPITULO 7

MEDITANDO, ESCUDRIÑANDO, ¡DELEITÁNDONOS EN EL!

A) "EL NOMBRE" (SALMO 23) "No hay otro nombre dado a los hombres."

B) "EL CAMINO" (SALMO 34) "Camino de continua alabanza al Rey."

C) "EL CARÁCTER" (SALMO 37) "Carácter de bondad y mansedumbre."

A) MEDITANDO SOBRE EL SALMO 23.

Jesucristo nos dijo: "Y todo lo que pidiereis al Padre en mi NOMBRE, lo hare, para que el Padre sea glorificado en el Hijo. Si algo pidiereis en MI NOMBRE, YO LO HARE." San Juan 14:13-14. Es para mí una maravillosa revelación que el **Salmo 23** en sus 6 versículos menciona 8 diferentes nombres de nuestro Señor y Salvador, Veamos:

Verso 1:	"Jehová es mi pastor" **Jehová Rohi es Mi Pastor.**
Verso 2:	"Nada me faltara" **Jehová Jireh es Mi Proveedor.**
Verso 3:	"En lugares de delicados pastos me hará descansar; junto a aguas de reposo me pastoreará" **Jehová Shalom es Mi Paz.**
Verso 4:	"Confortara mi alma" **Jehová Rafa es Mi Sanador.**
Verso 5:	"Me guiara por sendas de 'justicia' por amor de su Nombre" **Jehová Tsidkenu es Mi Justicia.**

Verso 6:	"Aunque ande en valle de sombra de muerte no temeré mal alguno, porque TU estarás conmigo". **Jehová Shamah es Siempre Presente.**
Verso 7:	"Aderezas mesa delante de mí en presencia de mis angustiadores (enemigos) **Jehová Nissi es Mi Bandera.**
Verso 8:	"Unges mi cabeza con aceite" **Jehová Makaddesh es Mi Santificador** y BAUTISMO CON EL ESPÍRITU SANTO.
Verso 9:	"COMPAÑÍA DE ÁNGELES ¡DESTINO ETERNO - ¡HOSANA, HOSANA!"

B) ESCUDRIÑANDO EL SALMO 34.

"Bendito sea el Dios y Padre de nuestro Señor Jesucristo, que nos bendijo con toda bendición espiritual … según nos escogió en El … para alabanza de la gloria de su gracia, la cual nos hizo aceptos en el Amado." Efesios 1:3-6.

"Bendeciré a Jehová en todo tiempo; su alabanza estará de continuo en mi boca." Salmos 34 Vr. 1

¡Somos escogidos por Dios para alabarle en todo tiempo! ¿Por qué?

1. POR LO QUE DIOS ES.

DIOS CREADOR Y SUSTENTADOR DE TODA LA CREACIÓN.

- La alabanza es voluntaria, no impuesta y de corazón.
- Es un estilo de vida.
- No es una formula religiosa.
- Es protección completa.
- Es una delicia.
- Es constante.

- Es exaltación.
- Tiene influencia sobre otros. Vr. 2.

2. ESTABLECE Y ASEGURA UNA BUENA RELACIÓN.

Entre el alma y Dios muy importante. Vr. 4

Entre nosotros como cuerpo de Cristo: produce 'confianza' 'reverencia' e inspiración.

3. ESTABLECE Y ASEGURA BENDICIÓN Y PROSPERIDAD.

Vr 9-10: "…pues nada falta a los que le temen." "…no tendrán falta de ningún bien."

4. PROMETE LARGA VIDA CON BIEN Y CON PAZ.

Vr 11-14: "… ¿quién es el hombre que desea vida?"

C) DELEITÁNDOSE CON EL SALMO 37.

Este Salmo escrito por el rey David probablemente en el tiempo de su vejez, contiene su experiencia en los tratos de Dios con los hombres. Reconoce la prosperidad muy transitoria de los malos; pero pone en sublime contraste la confidencia y destino de los justos y prueba con claridad que al final es necio envidiar al hombre que aparenta vestirse lujosamente como rey y al final quedara desnudo.

*Es una aparente prosperidad que provoca a la envidia de los justos. No se puede negar que muchas veces vemos a los malos prosperar rápidamente cuando los justos son pobres y no tenidos en cuenta.

- Se destacan en posesiones sociales eminentes, tienen grandes fortunas, prósperos comercios, es una cuestión histórica, y es también una experiencia de todos los días.

* Es necio envidiar la prosperidad de los malos porque es solamente temporal. San Lucas 12:16-20; 16:19-31.

- Es imposible no reconocer la prosperidad de los malos. NO ES OBLIGACIÓN envidiarles. Envidiar no cambiara la situación.
- Es una situación social permitida por Dios.

* Es pecaminoso envidiar la prosperidad de los malos, porque es contraria a los mandamientos de Dios.

- Job 5:2   Produce codicia que consume.
- Proverbios 14:30   Enferma los huesos.
- Proverbios 27:4   Es traicionera.

* La Biblia revela que la envidia es una pasión mala que viene de un corazón impuro.

- Es prohibida por Dios.
- Es una llama inflamada por bajas pasiones.
- Impide las respuestas a las oraciones.
- Si quieres tener una vida feliz y un espíritu contento no debes permitir en ti ni el deseo de envidiar.

* No cultives envidiar por lo que ves en su apariencia exterior.

Confía en Dios durante las 'enigmas' de lo presente y espera por el ajuste final de todas las cosas.

DISPOSICIONES QUE CARACTERIZAN A LOS JUSTOS.

• Confianza	Vr 3: "Confía en Jehová y haz el bien."
• Gozo	Vr 4: "Deléitate asimismo en Jehová."
• Devoción	Vr 5: "Encomienda a Jehová tu camino."
• Descanso	Vr 6: "Exhibirá tu justicia como la luz."
• Paciencia	Vr 7: "Guarda silencio ante Jehová y espera en él."
• Bondad-Mansedumbre	Vr 8: "Deja la ira, y desecha el enojo."

* La bendición que esta provista y preparada para los justos.

1. La vida cristiana del justo es observada por la beneficiosa providencia de Dios.
2. Te sientes en 'casa' donde vives porque sabes que es propiedad de tu Padre y él te da el derecho de poseerla.
3. La vida del justo es gratificada con la respuesta a sus deseos.
4. Se concreta con los deseos de su corazón.

'El hombre es una criatura de deseos, y en muchos casos nunca se cumplen.'

Pero las inclinaciones de los justos son puras y espirituales, ellos están en armonía con la voluntad de Dios, que es lo que trae verdadera satisfacción a los deseos del alma. La vida del justo experimenta una dulce afluencia de paz. San Juan 14:27.

CAPITULO 8

OREMOS CON LA ORACIÓN MODELO: "EL PADRE NUESTRO."

Padre nuestro,
que estás en el cielo,
santificado sea tu Nombre;
venga a nosotros TU reino;
hágase TU voluntad
en la tierra como en el cielo.

Danos hoy nuestro pan de cada día;
perdona nuestras ofensas,
como también nosotros perdonamos
a los que nos ofenden;
no nos dejes caer en la tentación,
y líbranos del mal; porque tuyo es el reino,
tuyo es el poder
y tuya es la gloria por los siglos de los siglos. AMEN."

MES DE ENERO

JOYA DEL MES

"E S P E R A N Z A D E G L O R I A"

Al comenzar a gozar de la iniciación de un Nuevo Año también nace con él, un nuevo horizonte, brillan nuevos sueños y la ilusión de nuevas experiencias!! La esperanza del cumplimiento de esos sueños nos motiva a esforzarnos cada día con nuevas fuerzas y renovadas esperanzas de lograr los anhelos y grandes deseos de vivir plenamente. El verdadero camino al cumplimiento de vivir plenamente tiene un Nombre que es sobre todo nombre: El declaró: "Yo Soy el Camino, y la Verdad, y la Vida; nadie viene al Padre si no es por Mi." Su nombre es Jesucristo, el Rey de reyes y Señor de señores. Tomados de su mano caminaremos estos 365 días por un 'camino' seguro, andaremos en la 'verdad' y disfrutaremos la plenitud de 'vida' y "vida en abundancia." Amen. **¡FELIZ AÑO NUEVO!**

ENERO 1

Salmo 90:1-2 "Señor, tú nos has sido nuestro refugio de generación en generación. Antes que naciesen los montes y formases la tierra y el mundo, desde el siglo y hasta el siglo, tú eres Dios."

Hoy oramos al contemplar el nacimiento de un Nuevo año, con plena confianza y certidumbre de fe, que Aquel gran Dios y creador de los cielos y la tierra y todo lo que en ellos hay, que se de a conocer como nuestro refugio de generación a generación; nos acompañará en este primer día y cada día de este Nuevo año. Esto nos llena de esperanza y nos da seguridad para caminar en completa paz sin el temor y sin el miedo reinante alrededor nuestro. Amen.

Aplicacion Personal

Peticiones

Respuestas

25

_____

_____

_____

_____

Aplicacion Personal

_____

_____

_____

_____

Peticiones

_____

_____

_____

_____

Respuestas

_____

_____

_____

_____

SAN JUAN 1:1-4 "En el principio era el Verbo, y el Verbo era con Dios, y el Verbo era Dios. Este era en el principio con Dios. Todas las cosas por él fueron hechas, y sin él nada de lo que ha sido echo, fue hecho. En él estaba la vida, y la vida era la luz de los hombres." **SALMO 90:2** "Antes que naciesen los montes y formaste la tierra y el mundo, desde la eternidad hasta la eternidad, tú eres Dios."

Hoy oramos reconociendo a la bendita persona de Jesucristo como el Dios creador del universo, 'Dios es Dios' hace lo que dice y cumple lo que promete. Con su palabra creadora formó el sol, la luna y las estrellas. Hoy podemos disfrutar de la vida y la luz procedente de su gloriosa persona. "Gracias Padre, antes que crearas todas las cosas ya habías planificado mi propia vida. A ti sea la gloria, y cúmplase tu propósito en mí y en cada miembro de mi familia hoy." Amen.

ENERO 3

SALMO 90:4 "Pues mil años delante de tus ojos son como el día de ayer, que paso." 2 PEDRO 3:8. "Más, oh amados, no ignoréis esto: que para con el Señor un día es como mil años, y mil años como un día."

Aplicacion Personal

Hoy oramos ampliando nuestra visión a lo infinito, sin límite de espacio, ni tiempo, proyectándonos a lo eterno y 'poniendo la mira en las cosas de arriba' donde esta Cristo sentado a la diestra de Dios. "Cuando Cristo, nuestra vida, se manifieste, entonces nosotros también seremos manifestados con él en gloria." Amen.

Peticiones

Respuestas

Aplicacion Personal

Peticiones

Respuestas

SALMO 90:12 "Enséñanos a contar nuestros días, de tal manera que traigamos al corazón sabiduría." **PROVERBIOS 4:1** "Oíd, hijos, la enseñanza de un padre, estad atentos, para que conozcáis cordura."

Hoy oramos buscando en la guía del Espíritu Santo, la sabiduría necesaria para redimir el precioso tiempo que se nos brinda a lo largo de todo este Nuevo año, con la capacidad de transferir esa sabiduría a nuestros hijos y a toda la familia. Amen.

ENERO 5

SALMO 90:14 "Por la mañana sácianos de tu misericordia, y nos alegraremos todos nuestros días." **LAMENTACIONES 3:22-23** "Por la misericordia de Jehová no hemos sido consumidos, porque nunca decayeron sus misericordias. Nuevas son cada mañana; grande es tu fidelidad."

Hoy oramos presentándonos ante Su Trono de Gracia y no saldremos de allí hasta ser 'saciados' de su misericordia y estar rebosando de gozo y alegría en su presencia. Amen.

Aplicacion Personal

Peticiones

Respuestas

Verdades Biblicas

_____

_____

_____

_____

Aplicacion Personal

_____

_____

_____

_____

Peticiones

_____

_____

_____

_____

Respuestas

_____

_____

_____

_____

SALMO 92:1-2 "Bueno es alabarte, oh Jehová, y cantar salmos a tu nombre, oh Altísimo; anunciar por la mañana tu misericordia, y tu fidelidad cada noche."

Hoy oramos iniciando nuestro día con alabanzas y cánticos de adoración y gratitud a nuestro Dios, llenando el ambiente de nuestro hogar con su preciosa presencia que anuncia su misericordia y fidelidad. Amen.

ENERO 7

SALMO 90:16-17 "Aparezca en tus siervos tu obra, y tu gloria sobre tus hijos. Sea la luz de Jehová nuestro Dios sobre nosotros, y la obra de nuestras manos confirma sobre nosotros; Si, la obra de nuestras manos confirma." **SAN JUAN 5:30** "No puedo yo hacer nada por mí mismo; según oigo, así juzgo; y mi juicio es justo, porque no busco mi voluntad, sino la voluntad del que me envió, la voluntad de mi Padre."

Hoy oramos pidiendo a nuestro Dios que aparezca, no nuestras obras, sino, SU OBRA SEA VISTA en nosotros, y el resplandor de su gloria ilumine cada una de nuestras vidas y rodeando a nuestros hijos los llene de su luz. Amen.

Aplicacion Personal

Peticiones

Respuestas

Verdades Biblicas

_____

_____

_____

_____

Aplicacion Personal

_____

_____

_____

_____

Peticiones

_____

_____

_____

_____

Respuestas

_____

_____

_____

_____

SALMO 130:7 "Pon tu esperanza en el Señor, porque en el Señor hay abundante redención." **ROMANOS 4:18** "Abraham creyó en esperanza 'contra esperanza' para llegar a ser padre de multitudes conforme a lo que se le había dicho."

Hoy oramos llenos de fe y poniendo nuestra esperanza en él, porque en el Señor tenemos completa redención y tenemos absoluta confianza, simplemente porque él lo ha dicho. Amen.

ENERO 9

SALMO 146:5 "Bienaventurado aquel cuya ayuda es el Dios de Jacob, cuya esperanza está puesta en el Señor."
ZACARIAS 9:12 "Volveos a la Fortaleza, oh PRISIONEROS de esperanza, hoy también os anuncio que os restauraré el doble."

Aplicacion Personal

Hoy oramos recibiendo esa bienaventuranza; somos ayudados directamente por el Todopoderoso Dios de Jacob y cuando el mundo desespera sin tener salidas a sus problemas, viviendo en terribles condiciones de miedo, temor, desconfianza y depresión, nosotros encontramos contra esperanza la maravillosa protección y cuidado amoroso de nuestro Padre celestial. Amen.

Peticiones

Respuestas

_____

_____

_____

_____

Aplicacion Personal

_____

_____

_____

_____

Peticiones

_____

_____

_____

_____

Respuestas

_____

_____

_____

_____

SALMO 119:114 "Mi refugio y mi escudo eres tú; en tu Palabra he esperado; susténtame conforme a tu palabra, y viviré; y no quedaré yo avergonzado de mi esperanza." **SAN MATEO 8:5-10** "Respondiendo el centurión, dijo: Señor, yo no soy digno de que entres bajo mi techo; 'solamente' di la Palabra, y mi criado sanará ... al oírlo Jesús, se maravilló, y dijo a los que le seguían: De cierto os digo, que ni aún en Israel he hallado tanta fe."

Hoy oramos alimentando y sustentando nuestras vidas con tu eterna y poderosa Palabra, Señor, di la Palabra y los pecadores serán trasformados en santos; di la Palabra y los cautivos serán libertados, di la Palabra y los enfermos sanarán, Señor, Señor, Señor, danos la fe de ese centurión hoy. Amén.

ENERO 11

__SALMO 105:8__ "Se acordó para siempre de su 'pacto'; de la Palabra que mando para mil generaciones." __JEREMÍAS 15:16__ "Fueron halladas tus Palabras, y yo las comí; y tu Palabra me fue por gozo y por alegría de mi corazón."

Hoy oramos acogiéndonos a ese glorioso pacto, vigente hoy, que nos proporciona innumerables beneficios para vivir una vida plena, llena de gozo y alegría: "Señor, hoy recibimos completa sanidad en nuestras emociones, en nuestra alma, en nuestro cuerpo físico, y nuestro espíritu se fortalece alimentado con esas gloriosas Palabras que hemos hallado y comido hoy. Amen.

Aplicacion Personal

Peticiones

Respuestas

Verdades Biblicas

———————

———————

———————

———————

Aplicacion Personal

———————

———————

———————

———————

Peticiones

———————

———————

———————

———————

SALMO 119:42-45 "Y daré por respuesta a mi avergonzador, que en tu Palabra he confiado. No quites de mi boca en ningún tiempo la Palabra de verdad, porque en tus juicios espero. Guardaré tu Palabra siempre, para siempre y eternamente. Y andaré en libertad, porque busqué tus mandamientos."

Hoy oramos obteniendo sabiduría y entendimiento, dando la respuesta 'que en tu Palabra he confiado' guardamos tu Palabra en nuestros corazones y nuestras bocas la expresa con fe y con poder, caminamos en completa libertad. Amen.

Respuestas

———————

———————

———————

———————

ENERO 13

HECHOS 2:25-26 "Porque David dice así de él: Veía al Señor siempre delante de mí, porque está a mi diestra no seré conmovido. Por lo cual mi corazón se alegró, y se gozó mi lengua, y aún mi carne descansará en esperanza."

Hoy oramos experimentando el gozo que produce su eterna Palabra, manifestando su presencia en nosotros, que alegra el corazón, y nuestra lengua es endulzada con el sabor de la miel que destila su Palabra. PROVERBIOS 16:23-24.- "El corazón del sabio hace prudente su boca. Y añade gracia a sus labios. Panal de miel son los dichos suaves; suavidad al alma y medicina para sus huesos." Amen.

Aplicacion Personal

Peticiones

Respuestas

_____

_____

_____

_____

Aplicacion Personal

_____

_____

_____

_____

Peticiones

_____

_____

_____

_____

Respuestas

_____

_____

_____

_____

ISAÍAS 43:18 "No os acordéis de las cosas pasadas, ni traigáis a la memoria las cosas antiguas. He aquí yo hago cosa nueva; pronto saldrá a la luz; ¿no la conoceréis? Otra vez abriré camino en el desierto, y ríos en la soledad." **FILIPENSES 3:13-14** "Hermanos, yo mismo no pretendo haberlo alcanzado; pero una cosa hago: Olvidando ciertamente lo que queda atrás, y extendiéndome a lo que está delante, prosigo a la meta, al premio del supremo llamamiento de Dios en Cristo Jesús."

Hoy oramos con autoridad cortando toda atadura del pasado que pretende detenernos en la marcha a la meta propuesta, y el cumplimiento del eterno propósito de Dios en su supremo llamamiento para nuestra vida y alcanzar el premio propuesto por nuestro Dios. Que significa verdadera prosperidad. Amen.

ENERO 15

ISAÍAS 43:19 "No lo conoceréis? Otra vez os haré un camino en el desierto, y ríos en el sequedal." **SAN JUAN 7:37-39** "El que cree en Mí, como dice la Escritura, de su interior correrán ríos de agua viva. Esto dijo del Espíritu que habían de recibir los que creyesen en él."

Hoy oramos por corazones desérticos para que sean transformados en fluyentes ríos de agua viva producidas por la llenura del glorioso Espíritu Santo. Amen.

Aplicacion Personal

Peticiones

Respuestas

39

Verdades Biblicas

_____

_____

_____

_____

Aplicacion Personal

_____

_____

_____

_____

Peticiones

_____

_____

_____

_____

Respuestas

_____

_____

_____

_____

JEREMÍAS 14:22 ¿"Acaso los cielos dan lluvias por si solos? ¿No eres tú, oh Señor, nuestro Dios?" **SALMO 147:7-8** "Cantad a Jehová con alabanza, cantad con arpa a nuestro Dios. Él es quien cubre de nubes los cielos, el que prepara la lluvia para la tierra, el que hace a los montes producir hierba."

Hoy oramos con profunda gratitud y admiración por el amor y cuidado que nuestro buen Padre celestial tiene de su preciosa creación; y todo lo hizo, y lo mantiene para ti y para mí. Adórale junto con tu familia y ofrece hoy sacrificios de alabanza y cánticos de gozo, disfrutando feliz del cuidado paternal de nuestro glorioso y majestuoso Señor y Salvador Jesucristo. Amen.

ENERO 17

JEREMÍAS 14:22 "En ti, pues pondremos nuestra esperanza, porque tú has hecho todas estas cosas." **GENESIS 1:31** "En el principio creo Dios los cielos y la tierra. Y vio Dios todo lo que había hecho, y he aquí que era bueno en gran manera."

Hoy oramos con una devoción profunda, con reverencia y respeto, con gran temor y mucha gratitud, porque en él ponemos nuestra esperanza y completa confianza, como el Autor y consumador de nuestra fe; Creador y sostenedor de todo el Universo. Amen.

Aplicacion Personal

Peticiones

Respuestas

41

_____

_____

_____

_____

Aplicacion Personal

_____

_____

_____

_____

Peticiones

_____

_____

_____

_____

Respuestas

_____

_____

_____

_____

JEREMÍAS 33:2-3 "Así ha dicho Jehová, que hizo la tierra, Jehová que la formo para afirmarla; Jehová es su nombre: Clama a mí, y yo te responderé, y te enseñaré cosas grandes y ocultas que tú no conoces."

SANTIAGO 1:5 "Y si alguno tiene falta de sabiduría, pídala a Dios, el cual da a todos abundantemente y sin reproche, y le será dada."

Hoy oramos respondiendo a la invitación de nuestro solo sabio Dios, a clamar a él con la promesa de una respuesta satisfactoria. ¡Hoy alcanzo esa sabiduría! Amen.

ENERO 19

JEREMÍAS 33:6-9 "He aquí que yo les traeré sanidad y medicina; y los sanaré, y les revelaré abundancia de paz y de verdad … y los limpiaré de toda su maldad conque pecaron contra mí; y perdonaré todos sus pecados que contra mi pecaron, y que contra mí se revelaron. Y me será a mí por nombre de gozo, de alabanza y de gloria, entre todas las naciones de la tierra, que habrán oído el bien que yo les hago; y temerán y temblarán de todo el bien y de toda la paz que yo les hare … Así ha dicho Jehová."

Hoy oramos recibiendo la bendición y el milagro de sanidad tan poderoso en miembros de nuestra familia, trayendo pureza y gran limpieza de todos los pecados; producirá gozo, alabanza, dando gloria y honra a nuestro Todopoderoso Dios entre todas las naciones. Amen.

Aplicacion Personal

Peticiones

Respuestas

43

Verdades Biblicas

_____

_____

_____

_____

Aplicacion Personal

_____

_____

_____

_____

Peticiones

_____

_____

_____

_____

Respuestas

_____

_____

_____

_____

OSEAS 2:14-15 "Pero he aquí que yo la atraeré y la llevaré al desierto, y hablaré a su corazón. Y le daré sus viñas desde allí, y el valle Arco por puerta de esperanza; y allí cantará como en los tiempos de su juventud, y como en el día de su subida de la tierra de Egipto."

Hoy oramos no hablando sino escuchando cuando él me hable al corazón en una experiencia de intimidad hermosa, recordando la salida de nuestro Egipto (el mundo) y de su esclavitud, saliendo por la puerta de la esperanza, y allí seremos rejuvenecidos con canticos como en los días de nuestra juventud. Amen.

ENERO 21

ROMANOS 15:13 "Que el Dios de esperanza os llene de todo gozo y paz en el creer, para que abundéis en esperanza por el poder del Espíritu Santo."

Hoy oramos siendo saturados viviendo una experiencia renovada con el Espíritu Santo, llenándonos y elevándonos a una esfera superior de gozo y paz, y desenvolviendo el poder y la energía de nuestro Todopoderoso Dios, venciendo las fuerzas de las tinieblas y de maldad, y sujetando la vieja naturaleza, llevando cautivo todo pensamiento a la obediencia a Cristo. Amen.

Aplicacion Personal

Peticiones

Respuestas

_____

_____

_____

_____

Aplicacion Personal

_____

_____

_____

_____

Peticiones

_____

_____

_____

_____

Respuestas

_____

_____

_____

_____

ROMANOS 15:13-14 "Y el Dios de 'esperanza' os llene de todo gozo y paz en el creer, para que abundéis en 'esperanza' por el poder del Espíritu Santo. Pero estoy seguro de vosotros, hermanos míos, que estáis llenos de bondad, llenos de todo conocimiento, de tal manera que podéis amonestaros unos a otros."

Hoy oramos declarando que la iglesia ha madurado, creciendo en una relación de unidad y aceptando la amonestación y el consejo de unos con otros en amor. Amen.

ENERO 23

1 TESALONICENSES 5:8-10 "Pero nosotros, que somos del día, seamos sobrios, habiéndonos vestido con la coraza de fe y de amor, con la 'esperanza' de salvación como yelmo. Porque no nos ha puesto Dios para ira, sino para alcanzar salvación por medio de nuestro Señor Jesucristo, quien murió por nosotros."

Hoy oramos vistiéndonos con la invencible armadura de Dios reconociendo el propósito de Dios para nosotros de alcanzar los perdidos con el mensaje de salvación. Amen.

Aplicacion Personal

Peticiones

Respuestas

Verdades Biblicas

_____

_____

_____

_____

Aplicacion Personal

_____

_____

_____

_____

Peticiones

_____

_____

_____

_____

Respuestas

_____

_____

_____

_____

GÁLATAS 4:18-19 "Bueno es mostrar celo en lo bueno siempre, y no solamente cuando estoy presente con vosotros. Hijitos míos por quienes vuelvo a sufrir dolores de parto, hasta que Cristo sea formado en vosotros."

Hoy oramos y declaramos que el pueblo del Señor es honesto y consagrado a la causa gloriosa del evangelio, creciendo hasta llegar a la estatura de Cristo, formado en nosotros por la obra permanente del Espíritu Santo, y el cuidado solicito de los pastores. Amen.

ENERO 25

SAN JUDAS 1:20-21 "Pero vosotros, amados, edificándoos sobre vuestra santísima fe, orando en el Espíritu Santo, conserváis en el amor de Dios, aguardando con 'esperanza' la misericordia de nuestro Señor Jesucristo para vida eterna."

Hoy oramos en el Espíritu Santo que nos edifica en nuestra santísima fe, uniéndonos en el amor de Dios y llenándonos de esperanza para un futuro de vida eterna. Amen.

Aplicacion Personal

Peticiones

Respuestas

HEBREOS 10:12-14 "Acerquémonos con corazón sincero, con plena certidumbre de fe, purificados los corazones de mala conciencia, y lavados los cuerpos con agua pura. Mantengamos firme, sin fluctuar, la profesión de nuestra 'esperanza' porque fiel es el que prometió."

Hoy oramos llegando al lugar que antes era imposible, pero ahora, por la purificación hecha en la propiciación de nuestros pecados en la sangre del Cordero de Dios, entramos confiadamente al lugar santísimo, sin el temor de ser rechazados, porque el velo que nos separaba fue roto por la mitad desde arriba hacia abajo, en el mismo momento en que Jesucristo expiro en la cruz del calvario. Amen.

ENERO 27

HEBREOS 10:12-14 "Pero Cristo, habiendo ofrecido una vez para siempre un solo sacrificio por los pecados, se ha sentado a la diestra de Dios, de ahí en adelante esperando hasta que sus enemigos sean puestos por estrado de sus pies; porque con una sola ofrenda hizo perfectos para siempre a los santificados."

Hoy oramos expresando una completa satisfacción y gran alegría contemplando la obra perfecta, única y suficiente de nuestro amado Señor Jesús transfiriendo a nosotros su justicia y perfección para con el Padre. Amen.

Aplicacion Personal

Peticiones

Respuestas

51

Verdades Biblicas

_____

_____

_____

_____

Aplicacion Personal

_____

_____

_____

_____

Peticiones

_____

_____

_____

_____

Respuestas

_____

_____

_____

_____

SALMO 91 "El que habita al abrigo del Altísimo morará bajo la sombra del Omnipotente. Diré yo a Jehová: 'Esperanza' mía, y Castillo mío; Mi Dios en quien confiaré. 9) "Porque has puesto a Jehová, que es mi 'esperanza' Al Altísimo por tu habitación, 10) no te sobrevendrá mal, ni plaga tocará tu morada."

Hoy oramos alabando a nuestro Dios, sintiéndonos seguros en la gloriosa habitación donde podemos morar todos los días amparados por el Dios Todopoderoso. Amen.

ENERO 29

SALMO 62:5-7 "Alma mía, en Dios solamente reposa, porque de él es mi 'esperanza.' 6) Él solamente es mi roca y mi salvación. Es mi refugio, no resbalaré. 7) En Dios está mi salvación y mi gloria: En Dios está mi roca fuerte y mi refugio."

Hoy oramos confesando nuestro disfrute del reposo y la seguridad de su protección, llenándonos de esperanza y de expectación por un presente cubierto con completa protección y un futuro lleno de gloria, ¿"de quién temeré?". Amen.

Aplicacion Personal

Peticiones

Respuestas

Verdades Biblicas

_____

_____

_____

_____

Aplicacion Personal

_____

_____

_____

_____

Peticiones

_____

_____

_____

_____

Respuestas

_____

_____

_____

_____

SALMO 130:3-6 "Jehová, si mirares a los pecados, ¿quién, oh Señor, podrá mantenerse? 4) Pero en Ti hay perdón, para que seas reverenciado. 5)'Esperé' yo a Jehová, 'espero' mi alma; en su palabra he 'esperado.' 6) Mi alma 'espera' a Jehová más que los centinelas a la mañana, más que los vigilantes a la mañana."

Hoy oramos y por medio de la oración vencemos toda ansiedad, todo temor y miedo, porque he recibido el completo perdón de todos mis pecados y con reverencia confió en mi Señor sin reservas, con gran anhelo y expectación. Amen.

ENERO 31

JEREMÍAS 32:26-27 "Y vino palabra de Jehová, diciendo: 27) He aquí que yo soy Jehová, Dios de toda carne; ¿habrá algo que sea demasiado difícil para mí?" **SAN LUCAS 1:37** "PORQUE NADA HAY IMPOSIBLE PARA DIOS." **SAN MATEO 19:26** "Y mirándolos Jesús, les dijo: Para los hombres esto es imposible; más para DIOS TODO ES POSIBLE."

Hoy oramos proclamando lo imposible, POSIBLE: Hombres y mujeres de todos los continentes abandonando los ídolos y el paganismo y convirtiéndose al Dios vivo y verdadero. ¡Una gran cosecha para el Reino de Dios! "PORQUE TENEMOS 'ESPERANZA' CONTRA ESPERANZA." Amen.

Aplicacion Personal

Peticiones

Respuestas

55

MES DE FEBRERO

JOYA DEL MES

"AMOR VERDADERO"

¿Porqué el amor es mayor y más excelente que los otros dones? PORQUE ES LO QUE MAS SE PARECE A DIOS. En la creación, Dios es amor; En la Gracia, Dios es amor; en la Gloria, Dios es amor. Él no puede recibir nada que añada a su grandeza.¡DIOS ES AMOR! Todo lo que él hace es producto de su amor ... Dios es Justicia, es Verdad, es Paciente, es Incambiable, es Todopoderoso. Todo esto es parte de su amor. El amor es eterno, los 'dones' por más útiles y atractivos que sean, están relacionados a lo temporal y en su naturaleza son temporales, el conocimiento del arte, de la ciencia, de la ley, un día dejarán de ser, lo temporal tiene su punto final, 'profecías, las lenguas, la ciencia, el crecimiento, la revelación, la esperanza y la fe' llegarán a su punto final. El amor nunca deja de ser y el Apóstol Pablo nos presenta magistralmente ese camino más excelente en su carta a 1 de Corintios y su capítulo 13.

FEBRERO 1

DE SAN JUAN 4:12 "Si nos amamos unos a otros, Dios permanece en nosotros." **1 CORINTIOS 13:1** "Si yo hablase lenguas humanas y angélicas, y no tengo amor, vengo a ser como metal que resuena, o como címbalo que retiñe."

Hoy oramos confesando al Señor que gozaremos de una relación pura y sincera, no con lenguaje florido y fingiendo, sino conectado con una relación permanente a la verdadera fuente de amor: D I O S. Amen.

Aplicacion Personal

Peticiones

Respuestas

57

_____
_____
_____
_____

Aplicacion Personal

_____
_____
_____
_____

Peticiones

_____
_____
_____
_____

Respuestas

_____
_____
_____
_____

1 SAN JUAN 4:7 "Amados, amémonos unos a otros; porque el amor es de Dios. Todo aquel que ama, es nacido de Dios, y conoce a Dios." **1 CORINTIOS 13:2** "Y si tuviese profecía, y entendiese todos los misterios y toda ciencia, y si tuviese toda la fe, de tal manera que trasladase los montes, y no tengo amor nada soy."

Hoy oramos reconociendo nuestra total dependencia en Dios. No es lo que yo soy o lo que yo tengo que me capacita para amar sino mi relación con Jesucristo al recibirlo como mi Salvador personal operando un Nuevo nacimiento creando en mí una nueva naturaleza que viene de él. "Porque todo aquel que ama es nacido de Dios, porque Dios es amor." Amen.

FEBRERO 3

ROMANOS 8:28 "Mas el que escudriña los corazones sabe cuál es la intención del Espíritu, porque conforme a la voluntad de Dios intercede por los santos. Y sabemos que a los que aman a Dios, todas las cosas les ayudan a bien, esto es, a los que conforme a su propósito son llamados."

Aplicacion Personal

Hoy oramos recibiendo en toda y cualquier circunstancia, que lo que nos ha sucedido ha sido permitido por el amor de Dios a nosotros y por nuestro amor hacia él, y siempre el resultado será positivo y de gran bendición para todos. Amen.

Peticiones

Respuestas

_____

_____

_____

_____

Aplicacion Personal

_____

_____

_____

Peticiones

_____

_____

_____

Respuestas

_____

_____

_____

_____

SAN JUAN 3:16-17 "Porque de tal manera amo Dios al mundo, que ha dado a su Hijo unigénito, para que todo aquel que en él cree, no se pierda, más tenga vida eterna. Porque no envió Dios a su Hijo al mundo para condenar al mundo, sino para que le mundo sea salvo por él."
1 CORINTIOS 13:4 "Y si repartiese todos mis bienes para dar a los pobres, y si entregase todo mi cuerpo para ser quemado, y no tengo amor, de 'nada' me sirve."

Hoy oramos declarando que no existe verdadero amor hasta no haber nacido de Dios, y nuestra vida de amor verdadero no consiste en nuestras buenas obras, porque no es por obras para que nadie se gloríe. Las buenas obras son el producto o el fruto de nuestra relación con Dios por medio del Espíritu Santo, que por la Palabra produce en nosotros una Nueva Naturaleza. Amen.

FEBRERO 5

1 DE SAN JUAN 4:10-11 "En esto consiste el amor: No que nosotros le hayamos amado a Dios, sino que él nos amó primero, y envió a su Hijo en propiciación por nuestros pecados. Amados, si Dios nos ha amado así, debemos también nosotros AMARNOS unos a otros."

Hoy oramos agradeciendo con cada latido de nuestro corazón por un AMOR inmerecido que obviamente no se inició en nosotros, su amor tomo nuestros pecados y los cargo en su propio Hijo haciendo la propiciación de todos ellos. ¡Así nos ha amado él y así debemos amarnos unos a otros! Amen.

Aplicacion Personal

Peticiones

Respuestas

1 DE SAN JUAN 3:1-3 "Mirad cuál amor nos ha dado el Padre, para que seamos llamados hijos de Dios; por esto el mundo no nos conoce, porque no le conoció a él. Amados, ahora somos hijos de Dios, y aún no se ha manifestado lo que hemos de ser; pero sabemos que cuando él se manifieste, seremos semejantes a él, porque le veremos como él es. Y todo aquel que tiene esta esperanza en él, se purifica así mismo, así como él es puro."

Hoy oramos ligados al Padre por una relación permanente y eterna, indestructible, y santa; por Su amor a nosotros nos convierte en participantes de su gloriosa y divina familia, y produce en nosotros la pureza de una nueva naturaleza, llenándonos de esperanza para ser participantes de un futuro glorioso. Amen.

Aplicacion Personal

Peticiones

Respuestas

FEBRERO 7

COLOSENSES 3:13-14 "Soportándoos unos a otros, y perdonándoos unos a otros si alguno tuviere queja contra otro. De la manera que Cristo os perdono así hacedlo vosotros. Y sobre todas estas cosas vestíos del amor, que es el vínculo perfecto."

Aplicacion Personal

Hoy oramos permitiendo que el aceite divino del Espíritu Santo lubrique cada partícula del cuerpo relacionándonos unos con otros en el profundo y perdonador amor de Jesucristo, nuestro Señor y Salvador. Amen.

Peticiones

Respuestas

_____

_____

_____

_____

Aplicacion Personal

_____

_____

_____

_____

Peticiones

_____

_____

_____

_____

Respuestas

_____

_____

_____

_____

SAN MARCOS 12:29 "Jesús respondió: El primer mandamiento de todos es: Oye, Israel; el Señor nuestro Dios, el Señor uno es. Y amaras al Señor tu Dios con todo tu corazón, y con toda tu alma, y con toda tu mente y con todas tus fuerzas. Este es el primer mandamiento."

Hoy oramos controlados por las fuerzas (no de una ley impuesta) sino de un amor total y completo que se rinde ¡incondicionalmente a los pies de su Dios! Amen.

FEBRERO 9

SAN MARCOS 12:31 "Amaras a tu prójimo como a ti mismo. No hay otro mandamiento mayor que estos dos."
ROMANOS 13:8-9 "No debáis a nadie nada, sino el amaros unos a otros; porque el que ama a su prójimo, ha cumplido la ley. Porque: No adulteraras, no mataras, no hurtaras, no dirás falso testimonio, no codiciaras, y cualquier otro mandamiento, en esta sentencia se resume: Amaras a tu prójimo como a sí mismo."

Hoy oramos confesando nuestra necesidad de la ayuda del Espíritu Santo para obedecer este mandamiento que tiene la fuerza y capacidad de transformar nuestra comunidad, nuestra ciudad, nuestra nación. La solución para los matrimonios, los hijos, los vecinos, las empresas, los gobiernos, ¡al mundo entero! Amen.

Aplicacion Personal

Peticiones

Respuestas

_____

_____

_____

_____

_____

_____

_____

_____

_____

_____

_____

_____

_____

_____

_____

_____

ROMANOS 13:10-11 "El amor no hace mal al prójimo; así que el cumplimiento de la ley es el amor. Y esto conociendo el tiempo, que es ya hora de levantarnos del sueño." **SAN JUAN 15:17** "Esto os mando: Que os améis unos a otros."

Hoy oramos reconociendo que el amor no es un sentimiento sino un "mandamiento" y pedimos a Dios que nos dé la gracia de ser obedientes a este mandamiento que soluciona los problemas de relación ¡en forma total! Amen.

FEBRERO 11

SAN JUAN 13:34-35 "Un mandamiento nuevo os doy: Que os améis unos a otros. Como yo os he amado, que también os améis unos a otros. En esto conocerán todos que sois mis discípulos, si tuviereis amor los unos con los otros."

Hoy oramos pidiendo que el amor incondicional y de completa entrega que demostró nuestro Señor y Salvador Jesucristo, obedeciendo a su nuevo mandamiento, siguiendo su ejemplo, ¡nos amemos de corazón y no de palabra solamente! Amen.

Aplicacion Personal

Peticiones

Respuestas

67

_____

_____

_____

_____

Aplicacion Personal

_____

_____

_____

_____

Peticiones

_____

_____

_____

_____

Respuestas

_____

_____

_____

_____

ROMANOS 10:12 "Amémonos los unos a los otros con amor fraternal; en cuanto a honra, prefiriéndonos los unos a los otros." **ROMANOS 15:1-2** "Así que, los que somos fuertes debemos soportar las flaquezas de los débiles, y no agradarnos a nosotros mismos. Cada uno de nosotros agrade a su prójimo en lo que es bueno para edificación."

Hoy oramos buscando ser fortalecidos para soportar a los débiles, y no solo soportarlos, pero agradar a ellos antes que a nosotros mismos. "Y para esto, ¿quién es suficiente?" Amen.

FEBRERO 13

SAN JUAN 15:7-9 "Si permanecéis en mí, y mis palabras permanecen en vosotros, pedid todo lo que queréis, y os será hecho. En esto es glorificado mi Padre, en que llevéis mucho fruto, y seáis mis discípulos. Como el Padre me ha amado, así también yo os he amado; permaneced en mi amor."

Aplicacion Personal

Hoy oramos pidiendo esa estabilidad y firmeza para permanecer en El y en su Palabra, y de esta manera se abre una gran puerta sin límites para pedir todo lo que quisiéramos, siempre con el propósito de glorificar al Padre, llevando frutos dignos de Él. Amen.

Peticiones

Respuestas

SAN JUAN 15:13-15 "Este es mi mandamiento: Que os améis unos a otros como yo os he amado. Nadie tiene mayor amor que este, que uno ponga su vida por sus amigos. Vosotros sois mis amigos, si hacéis lo que yo os mando. Ya no os llamare siervos, porque el siervo no sabe lo que hace su señor; pero os he llamado amigos, porque las cosas que oí de mi Padre, os las he dado a conocer."

Hoy oramos celebrando el día de la amistad y el amor con un sentimiento profundo de gratitud porque Él nos da el honor y privilegio; lugar de honra y gloria de llamarnos 'sus amigos' y revelarnos los secretos que entre amigos se confían, porque lo que El oyó de su Padre nos lo da a conocer. ¡Aleluya! Amen.

FEBRERO 15

EFESIOS 5:1-2 "Sed, pues, imitadores de Dios como hijos amados, y andad en amor, como también Cristo nos amó, y se entregó a si mismo por nosotros, ofrenda y sacrificio a Dios en olor fragante."

Hoy oramos gozando de un tiempo de comunión y alabanzas a nuestro Rey y Señor, conectándonos con la fuente de energía y poder para caminar diariamente imitando a Dios nuestro Padre, en una entrega y consagración completa haciendo y cumpliendo con el propósito divino para nosotros. Amen.

Aplicacion Personal

Peticiones

Respuestas

Verdades Biblicas

Aplicacion Personal

Peticiones

Respuestas

1 TESALONICENSES 3:12-13 "Y el Señor os haga crecer y abundar en amor unos para con los otros y para con todos, como también lo hacemos nosotros para vosotros, para que sean afirmados vuestros corazones, irreprensibles en santidad delante de Dios nuestro Padre, en la venida de nuestro Señor Jesucristo con los santos."

Hoy oramos pidiendo y declarando una fresca y renovada etapa de crecimiento en el amor y la unidad dentro del cuerpo de Cristo, su Iglesia, creando una estabilidad y firmeza, fortaleciendo nuestros corazones, purificando y santificando nuestras vidas y tanto más cuando vemos que se acerca rápidamente su venida!! Amen.

FEBRERO 17

1 TESALONICENSES 2:7-8 "Antes fuimos tiernos entre nosotros, como la nodriza que cuida con ternura a sus propios hijos. Tan grande es nuestro afecto por vosotros, que hubiéramos querido entregaros no solo el evangelio de Dios, sino nuestras propias vidas; porque habéis llegado a sernos muy queridos."

Hoy oramos conmovidos por el efecto que produce en nuestros corazones la palabra que tenemos escogida para hoy; clamemos para que el fluir del amor de Dios invada nuestros corazones y el alma de los pastores y líderes, siervos de Dios en todo lugar, y con la ternura de una nodriza con sus propios hijos, nos podamos tratar hasta estar dispuesto a dar nuestra vida unos por otros. Amen.

Aplicacion Personal

Peticiones

Respuestas

73

_____

_____

_____

_____

Aplicacion Personal

_____

_____

_____

_____

Peticiones

_____

_____

_____

_____

Respuestas

_____

_____

_____

_____

_____

CANTAR DE LOS CANTARES 8:6-7
"Ponme como sello sobre tu corazón, como marca sobre tu brazo; porque fuerte como la muerte es el amor, las muchas aguas no podrán apagar el amor, ni lo ahogaran los ríos." **1 CORINTIOS 13:4-8-13** "El amor es sufrido, es benigno; el amor no tiene envidia, el amor no es jactancioso, no se envanece ... el amor nunca deja de ser ... y ahora permanecen la fe, la esperanza y el amor, estos tres; pero el mayor de ellos es el amor."

Hoy oramos reconociendo la marca sobre el brazo y el sello sobre el corazón de un amor que no le asusta ni lo detiene la misma muerte, ¡que opera en nosotros con un fuego apasionado que nunca podrá ser extinguido! Amen.

FEBRERO 19

SAN JUAN 14:21 "El que tiene mis mandamientos, y los guarda, ese es el que me ama, y el que me ama será amado de mi Padre, y yo le amare y me manifestare a él."

Hoy oramos sintiéndonos envueltos y abrazados por los tiernos brazos de la bendita Trinidad, recibiendo gloriosas y personales revelaciones que nos manifiesta su gran amor, recibiendo gloriosas revelaciones directas de persona a persona con aquellos que practicamos la obediencia a sus ¡NO gravosos mandamientos! Amen.

Aplicacion Personal

Peticiones

Respuestas

Verdades Biblicas

Aplicacion Personal

Peticiones

Respuestas

ROMANOS 9:1-3 "Verdad digo en Cristo, no miento, y mi conciencia me da testimonio en el Espíritu Santo, que tengo gran tristeza y continuo dolor en mi corazón. Porque deseara yo mismo ser anatema, separado de Cristo, POR AMOR a mis hermanos, los que son mis parientes según la carne."

Hoy oramos sintiendo una gran carga e intercediendo por nuestros familiares inconversos, orando con vehemencia y gran clamor por sus almas, para que vengan al conocimiento de la verdad y sean salvos del gran juicio que se avecina rápidamente y de una eterna condenación en el lugar de tormento y sufrimiento que no cesara jamás. Amen.

FEBRERO 21

ISAÍAS 62:4-5 "Nunca más te llamaran Desamparada, ni a tu tierra se le dirá Desolada; porque el amor de Jehová estará en ti. Pues como el joven se desposa con la virgen, se desposarán contigo tus hijos; y como el gozo del esposo con la esposa, así se gozará contigo el Dios tuyo."

Hoy oramos satisfechos con la sencillez y calidad del amor con que Dios declara su amor por los suyos, aunque hubiera un pasado atribulado y desolado el promete el gozo y alegría de un matrimonio y familia feliz en el presente, y extendido a un futuro de dicha y felicidad eterna. Amen.

Aplicacion Personal

Peticiones

Respuestas

77

_____

_____

_____

_____

_____

_____

_____

_____

_____

_____

_____

_____

_____

_____

CANTARES 3:15-17 "En aquel tiempo se dirá a Jerusalén: No temas; Sion, no se debiliten tus manos, Jehová está en medio de ti, poderoso, el salvará, se gozará sobre ti con cantos de alegría, callará de amor, se regocijará sobre ti con canticos."

Hoy oramos recibiendo en nuestros corazones la maravillosa promesa de la presencia de un Dios Poderoso, que fortalece nuestras manos y que se goza y regocija con los canticos de alabanza y adoración de su pueblo amado. Amen.

FEBRERO 23

SOFONÍAS 3:17 "Te renovará en su amor, por causa de ti, se regocijará con canticos." **SAN JUAN 21:15-17** "Cuando hubieron comido, Jesús dijo a Simón Pedro: Simón hijo de Jonás, ¿me amas más que estos? ... le dijo la tercera vez, Simón hijo de Jonás ¿me amas? Pedro se entristeció de que le dijese la tercera vez ¿me amas? Y le respondió: Señor, tú lo sabes todo, tú sabes que te amo, Jesús le dijo: Apacienta mis ovejas."

Aplicacion Personal

Hoy oramos dando gracias por la oportunidad de renovarnos en su amor para con él, aunque caigamos en la frialdad, alejamiento y aún la negación, el abre la puerta de su gracia y misericordia para recibirnos y restaurarnos y llevarnos nuevamente al lugar de servicio y ministerio que ocupábamos. Amen.

Peticiones

Respuestas

Aplicacion Personal

Peticiones

Respuestas

FILIPENSES 1:8-9 "Porque Dios me es testigo de cómo os amo a todos vosotros con el entrañable amor de Jesucristo. Y esto pido en oración, que vuestro amor abunde aún más y más en ciencia y en todo conocimiento."

Hoy oramos agradecidos por pastores y siervos de Dios que pueden poner como testigo a Dios por su amor a sus hermanos, el precioso cuerpo de Jesucristo, su amada Iglesia, pidiendo también nosotros que este amor abunde entre los hermanos revelando ciencia del cielo y todo conocimiento de su Palabra eterna. Amen.

FEBRERO 25

PROVERBIOS 10:12 "El odio despierta rencillas; pero el amor cubre todas las faltas." **1 SAN PEDRO 4:7-8** "Mas el fin de todas las cosas se acerca; sed, pues, sobrios y velad en oración. Y, ante todo, tened entre vosotros ferviente amor; porque el amor cubrirá multitud de pecados."

Hoy oramos clamando por sobriedad y fidelidad, liberándonos de las rencillas que se producen por la falta del amor y la presencia del odio. Sabemos que el Señor viene, que está a las puertas, que despierte en nosotros este ferviente y apasionado amor ¡que cubre las faltas y la multitud de pecados! Amen.

Verdades Biblicas

———————

———————

———————

———————

Aplicacion Personal

———————

———————

———————

———————

Peticiones

———————

———————

———————

———————

Respuestas

———————

———————

———————

———————

Aplicacion Personal

Peticiones

Respuestas

PROVERBIOS 15:1 y 17 "La blanda respuesta quita la ira, más la palabra áspera hace subir el furor. Mejor es la comida de legumbres donde hay amor que buey engordado donde hay odio." **PROVERBIOS 8:6-8** "Oíd, porque hablare cosas excelentes, y abriré mis labios para cosas rectas. Porque mi boca hablara verdad, y la impiedad abominan mis labios. Justas son todas las razones de mi boca; no hay en ellas cosa perversa y torcida."

Hoy oramos pidiendo a nuestro buen Padre Celestial que nos dé la pureza de labios para hablar sin arrogancia ni responder con enojo o ira, sino con palabras benignas saturadas con el perfecto amor que quita la ira y refuerza los lazos de cariño y armonía en la familia, la iglesia, la comunidad y en todas partes. Amen.

FEBRERO 27

ROMANOS 12: 9-10 "El amor sea sin fingimiento, aborreced lo malo, seguid lo bueno. Amaos los unos a los otros con amor fraternal; en cuanto a honra, prefiriéndoos los unos a los otros." **ROMANOS 13:12-14** "La noche esta avanzada, se acerca el día. Desechemos, pues, las obras de las tinieblas, y vistámonos las armas de la luz. Andemos como de día, honestamente; no en glotonerías y borracheras, no en lujurias y lascivias, no en contiendas ni envidias, sino vestíos del Señor Jesucristo, y no proveáis para los deseos de la carne."

Hoy oramos pidiendo y recibiendo el discernimiento entre lo bueno y lo malo; aborreciendo lo que Dios aborrece, prefiriendo honrar a nuestros hermanos, vistiéndonos con la gloriosa persona de Jesucristo el Señor. Amen.

Aplicacion Personal

Peticiones

Respuestas

83

——————————

——————————

——————————

——————————

Aplicacion Personal

——————————

——————————

——————————

——————————

Peticiones

——————————

——————————

——————————

——————————

Respuestas

——————————

——————————

——————————

——————————

ROMANOS 8:35-36 ¿"Quien nos separara del amor de Cristo? Antes en todas estas cosas somos más que vencedores por medio de Aquel que nos amó ... por lo cual estoy seguro que ni la vida, ni la muerte, ni ángeles, ni principados, ni potestades, ni lo presente, ni lo porvenir, ni lo alto, ni lo profundo, ni ninguna otra cosa creada nos podrá separar del amor de Dios que es en Cristo Jesús Señor nuestro."

Hoy oramos envueltos en los eternos lazos del gran amor de Dios que no permite brecha, ni ruptura, ni enfriamiento, ni indiferencia, que es más fuerte que la misma muerte. ¡Caminamos en la ternura de un amor puro e irresistible que nos ha sellado para la eternidad! Amen.

FEBRERO 29

1 CORINTIOS 13:4-13 "El amor es sufrido, es benigno; el amor no tiene envidia, el amor no es jactancioso, no se envanece; no hace nada indebido, no busca lo suyo, no se irrita, no guarda rencor; no se goza en la injusticia, más se goza de la verdad, todo lo sufre, todo lo cree, todo lo espera, todo lo soporta. El amor nunca deja de ser ... y ahora permanecen la fe, la esperanza y el amor, estos tres, pero el mayor de estos es el amor."

Aplicacion Personal

Hoy oramos culminando en este mes del amor con un clamor ... y una proclamación ... Este es el clamor: 'Señor, auméntanos la fe' 'Señor bautízanos en ese rio de amor' Y esta es la proclamación: "Hoy el pueblo de Dios cubriendo la tierra entera eleva su vos diciendo: Señor, sí recibimos ese bautismo de amor descripto en tu Palabra! Recibimos ese Rio de Agua viva que inunda el corazón de tu pueblo en una fresca Unción y gran avivamiento." Amen.

Peticiones

Respuestas

MES DE MARZO

JOYA DEL MES

"PODER"

LA GRANDEZA DEL DIOS ETERNO

¿Cómo ES TU DIOS?

"DIME EL TAMAÑO DE TUS SUEÑOS, Y TE DIRÉ EL TAMAÑO DE TU DIOS." A través de la Biblia encontramos mencionado el titulo referido a Dios como el Todopoderoso aproximadamente trece (13) veces, cinco de las cuales se encuentran en el libro de Job; una vez, en referencia al llamado para separación del mundo y ser considerados hijos de Dios, (2 Corintios 6:18) y siete (7) veces se menciona en el libro de Apocalipsis. También se le llama EL ALTÍSIMO cuarenta y siete (47) veces a través de toda la Biblia.

Supongamos que estamos encuestando a algunos personajes bíblicos con esta importante pregunta y entre ellos elegimos primero al gran Patriarca Abraham "Dinos padre Abraham: ¿Cómo es tu Dios? Su respuesta firme y contundente seria: "Mi Dios, es el Dios Altísimo, Creador de los cielos y la tierra, yo creo en él, y me ha sido contado por justicia." Dios se manifestó a Abraham como el Dios Todopoderoso y le hablo de esta manera: "Anda delante de Mí y se perfecto." (Genesis 17:1.) Nuevamente nos diría el Patriarca Abraham, y nos respondería de esta manera: 'Mi Dios es Dios de pactos y promesas, pero exige obediencia completa.'- "Por la fe Abrahán siendo llamado, obedeció para salir al lugar que había de recibir como herencia, y salió sin saber a dónde iba." (Hebreos 11:8.) "Por la fe Abraham, cuando fue probado,

86

ofreció a Isaac, el hijo único de la promesa, pensando en que Dios es Poderoso para levantar aún de entre los muertos, de donde, en sentido figurado también lo volvió a recibir." (Hebreos 11:17-19.) -Que les parece una pregunta imaginaria al Patriarca Job. Le preguntamos: Patriarca JOB ¿Cómo ES TU DIOS? – Y él nos respondería, participándonos de un dialogo que el mismo sostiene con su Dios, y le oiríamos decir así: "Yo conozco que todo lo puedes, y que NO HAY PENSAMIENTO que se esconda de ti. Oye, te ruego, y hablare; te preguntare y tú me enseñaras. De oídas te había oído; más ahora mis ojos te ven. Por tanto, me aborrezco y me arrepiento en polvo y en ceniza." (Job 42:2-6.) Bueno ... podríamos continuar con nuestras entrevistas hablando con Moisés, Josué, David, Daniel, con los apóstoles de Jesucristo, tales como; Pedro, Jacobo, Juan, Pablo, etc. etc. Pero permítame concluir este reportaje con una pregunta directa a Ud. ¿Cómo es su Dios? ... Iglesia del siglo 21, ¿Cómo es tu Dios? Amigos lectores de "Encadenados Para ser Libres" ¿Cómo es vuestro Dios?

SALMO 147:4-5 "El sana a los quebrantados de corazón, y venda sus heridas. Él cuenta el número de las estrellas; a todas llama por sus nombres. Grande es el Señor nuestro, y de mucho poder; y su entendimiento es infinito."

ISAÍAS 40:25-26 ¿"A qué, pues, ¿me haréis semejante? Dice el Santo. Levantad en alto vuestros ojos, y mirad quien creó estas cosas; la saca y cuenta su ejército; a todas llama por sus nombres; ninguna faltara; tal es la grandeza de su fuerza, y el poder de su dominio."

Hoy oramos a nuestro gran Dios, Creador y Sostenedor de todo el Universo, suya es la tierra y su plenitud y todos los que en ella habitan. Gracias por ser misericordioso sanar y vendar nuestras heridas y estar en control de todo el firmamento. ¿Como podríamos compararte a ídolos y formas diferentes cuando Tu mismo haces la pregunta "A qué, pues, ¿me haréis semejante o me comparareis? Dice el Santo." Amen.

MARZO 2

HEBREOS 2:14-15 "Así que, por cuanto los hijos participaron de carne y sangre, el participó de lo mismo, para destruir por medio de la muerte al que tenía el imperio de la muerte, esto es, al diablo, y librar a todos los que por el temor de la muerte estaban durante toda la vida sujetos a servidumbre."

Hoy oramos con expresiones de alabanza y adoración al que tiene todo el poder sobre la muerte, que venció a Satanás, derrotó al pecado, al mundo y sus vanidades e iniquidades, y ha proclamado la libertad sobre el miedo y sobre la misma muerte. ¡Aleluya! Amen.

Aplicacion Personal

Peticiones

Respuestas

89

Verdades Biblicas

Aplicacion Personal

Peticiones

Respuestas

HEBREOS 2: 17-18 "Por lo cual debía ser en todo semejante a sus hermanos, para venir a ser misericordioso y fiel Sumo Sacerdote en todo lo que a Dios de refiere, para expiar los pecados del pueblo. Pues en cuanto el padeció siendo tentado, es Poderoso para socorrer a los que son tentados."

Hoy oramos alabando a nuestro Dios por su perfecto plan de misericordia y de compasión, teniendo un fiel y Sumo Sacerdote que expió con su propia sangre todos nuestros pecados; que padeció tentación para socorrer a los que hemos sido tentados, dándonos una completa victoria en su Poder. Amen.

MARZO 4

EFESIOS 3:20-21 "Y aquel que es poderoso para hacer todas las cosas mucho más abundantemente de lo que pedimos o entendemos, según el poder que actúa en nosotros, a él sea la gloria en la iglesia en Cristo Jesús por todas las edades, por los siglos de los siglos. Amen."

Hoy oramos creyendo y operando en la autoridad y poder que actúa en nosotros, que excede nuestro conocimiento y entendimiento; y ofrecemos gloria honra y honor a nuestro Dios el Todopoderoso quien obra para nuestra bendición, gozo, paz y verdadera prosperidad. Amen.

Aplicacion Personal

Peticiones

Respuestas

91

Verdades Biblicas

Aplicacion Personal

Peticiones

Respuestas

1 CORINTIOS 2:1-5 "Así que hermanos, cuando fuí a vosotros para anunciaros el testimonio de Dios, no fue con excelencia de palabras o de sabiduría ... y ni mi palabra ni mi predicación fue con palabras persuasivas de humana sabiduría, sino con demostración del Espíritu y de poder, para que vuestra fe no esté fundada en la sabiduría de los hombres, sino en el poder de Dios."

Hoy oramos pidiendo por los pulpitos de las iglesias que sean saturados con la presencia del Espíritu Santo y llenos de los claros sonidos de la Palabra de Dios, solo su Palabra contiene la dinámica y la sabiduría divina que produce la transformación en las vidas de los pecadores, cambiándolos en santos varones y dignas mujeres que reflejan la luz gloriosa del evangelio de Dios. Amen.

MARZO 6

1 CORINTIOS 4:19-20 "Pero iré pronto a vosotros, si el Señor lo quiere, y conoceré, no las palabras sino el poder de los que andan envanecidos. Porque el Reino de Dios no consiste en palabras, sino en PODER."

Hoy oramos intercediendo por el pueblo de Dios para que no sea engañado con palabrerío y vanas enseñanzas humanistas, sino con la demostración del poder del Espíritu Santo. Debe suceder en nuestro medio, cuando el pueblo se reúne para recibir la poderosa Palabra de Dios acompañada de señales y milagros, personas recibiendo el mayor milagro que es la salvación eterna de sus almas, esto debe ser lo normal en cada convocación del pueblo de Dios. Amen.

Aplicacion Personal

Peticiones

Respuestas

_____

_____

_____

_____

_____

_____

_____

_____

_____

_____

_____

_____

_____

_____

_____

_____

SAN JUAN 7:37-39 "En el último y gran día de la fiesta, Jesús se puso en pie y alzo la voz, diciendo: Si alguno tiene sed, venga a mí y beba. El que cree en mí, como dice la Escritura, de su interior correrán ríos de agua viva. Esto dijo del Espíritu que habían de recibir los que creyesen en él."

Hoy oramos confesando que en este último tiempo está a nuestro alcance esa gran invitación para todos aquellos que tenemos sed del Rio de agua viva, sed de la llenura del Espíritu Santo, de venir a Él y recibir el poder prometido a la iglesia en Hechos 1:8. Oramos declarando el mayor avivamiento de todos los tiempos. Amen.

MARZO 8

SALMO 130:7 "Pon tu esperanza en el Señor, porque en el Señor hay abundancia de redención." **ROMANOS 4:18** "Abraham creyó en 'esperanza' contra 'esperanza' para llegar a ser padre de muchas gentes, conforme a lo que 'se le había' dicho."

Hoy oramos depositando nuestra completa confianza en lo que Dios nos ha dicho, nuestra esperanza no está puesta en recursos humanos y temporales sino en Su Palabra que es suficiente para creer aún contra esperanza. Amen.

Aplicacion Personal

Peticiones

Respuestas

Aplicacion Personal

Peticiones

Respuestas

SALMO 146:5 "Bienaventurado aquel cuya ayuda es el Dios de Jacob, cuya esperanza esta puesta en el Señor."

ZACARIAS 9:12 y 17 "Volveos a la Fortaleza, oh prisioneros de 'esperanza' hoy también os anuncio que os restauraré el doble ... porque ¡cuánta es su bondad, y cuanta su hermosura! El trigo alegrará a los jóvenes, y el vino a las doncellas."

Hoy oramos declarando nuestra total esperanza y confianza en la ayuda oportuna y en lo que parece imposible e inalcanzable. Porque su bondad no tiene límite y ¿quién puede competir con su hermosura? Hay abundancia de provisión para cualquier necesidad que se presente en nuestro camino. Amen.

MARZO 10

SALMO 119:114 "Mi refugio y mi escudo eres tú; en tu Palabra he puesto mi esperanza." **SAN MATEO 8:5-10** "Respondiendo el centurión, dijo: Señor, yo no soy digno de que entres bajo mi techo; 'solamente' dí la Palabra y mi criado sanará ... al oírlo Jesús se maravilló, y dijo a los que le seguían: De cierto os digo, que ni aún en Israel he hallado tanta fe."

Hoy oramos con corazones abiertos para recibir las palabras de fe que trasporta en esperanza el milagro hasta el lugar que debe llegar. ¡Nuestro 'refugio' en la adversidad y el peligro está totalmente garantizado por Su Palabra que trae una verdadera esperanza y protección que nos llena de paz y tranquilidad! Amen.

Aplicacion Personal

Peticiones

Respuestas

97

_____

_____

_____

_____

Aplicacion Personal

_____

_____

_____

_____

Peticiones

_____

_____

_____

_____

Respuestas

_____

_____

_____

_____

SALMO 119:116 "Susténtame conforme a tu Palabra, y viviré; no me avergüences con respecto a mi esperanza." **JEREMÍAS 15:16** "Fueron halladas tus Palabras y yo las comí; y tu Palabra me fue por gozo y alegría de mi corazón."

Hoy oramos recibiendo por su Palabra el sustento para poder vivir con energías suficientes para llegar a la medida de gozo y gran alegría cumpliendo el maravilloso propósito de nuestro Padre y jamás seremos avergonzados. "No me avergüenzo del Evangelio porque es poder de Dios para salvación a todo aquel que cree." Amen.

MARZO 12

SALMO 119:43 "En tu juicio (tu Palabra) tengo puesta mi esperanza."

1 SAN JUAN 3:3 "Y todo aquel que tiene esta esperanza en Él, se purifica a sí mismo, así como Él es puro."

Aplicacion Personal

Hoy oramos llenos de esperanza en un Dios justo, que jamás nos defraudará, y el efecto que tiene en mi se manifiesta en una vida pura, limpia y santificada por esa maravillosa palabra que dá testimonio de SU PUREZA. Amen.

Peticiones

Respuestas

Aplicacion Personal

Peticiones

Respuestas

HECHOS 2;25-26 "Porque David dice así de el: Veía al Señor siempre delante de mí; porque está a mi diestra no seré conmovido. Por lo cual mi corazón se alegró, y se gozó mi lengua, y aún mi carne 'descansara' en esperanza."

Hoy oramos experimentando el gozo que produce su Eterna Palabra, manifestando su presencia delante nuestro, dándonos completa seguridad, y en medio de un mundo atribulado y desesperado, lleno de temor y de alborotos de multitudes llenas de ira y de violencia, con terremotos, y huracanes, grandes tempestades, hambrunas y plagas; nuestro corazón descansa en una esperanza que alumbra y alienta nuestro espíritu y alma. Amen.

MARZO 14

ISAÍAS 43:18-19 "No os acordéis de las cosas pasadas, ni traigáis a la memoria las cosas antiguas: He aquí yo hago una cosa nueva; pronto saldrá a la luz; ¿no la conoceréis? Otra vez abriré camino en el desierto, y ríos en la soledad."
FILIPENSES 3:13-14 "Hermanos, yo mismo no pretendo haberlo ya alcanzado; pero una cosa hago: olvidando ciertamente lo que queda atrás, y extendiéndome a lo que esta adelante, prosigo a la meta, al premio del supremo llamamiento de Dios en Cristo Jesús."

Aplicacion Personal

Hoy oramos cortando toda ligadura del pasado que quiere detenernos en la carrera propuesta por Dios para nuestras vidas, liberándonos de esas cadenas y ligaduras, ¡aún generacionales! Y corriendo con paciencia la carrera que nos es propuesta, recibiendo al final el supremo premio de nuestro llamamiento. Amen.

Peticiones

Respuestas

MARZO 15

ISAÍAS 43:19 ¿"No lo conoceréis? Otra vez os hare un camino en el desierto, y ríos en la soledad."

SAN JUAN 7:37-39 "El que cree en Mí, como dice la Escritura, de su interior correrán ríos de agua viva. Esto dijo del Espíritu que habían de recibir los que creyesen en El."

Hoy oramos reconociendo y estando a la expectativa del comienzo de nuevas experiencias saturadas con las aguas del rio del Espíritu dentro de nosotros, sacándonos del desierto y de lo seco de nuestra vida y transformándolo todo en vida y vida en abundancia. ¡ALELUYA! Amen.

MARZO 16

JEREMÍAS 14:22 ¿"Acaso los cielos dan lluvia por si solos? ¿No eres Tú, oh Señor nuestro Dios."? **SALMO 147:7-8** "Cantad a Jehová con alabanza, cantad con arpa a nuestro Dios. Él es quien cubre de nubes los cielos, el que prepara la lluvia para la tierra, el que hace a los montes producir hierba."

Hoy oramos exaltando y glorificando a nuestro increíble, Bondadoso, Majestuoso, Benigno y Generoso, Todopoderoso Creador del Universo, que en su buena voluntad y gran amor por nosotros prepara hasta la lluvia temprana y tardía. Que impotentes e inoperantes somos sin su misericordia y favor a nosotros. Hoy cantamos con alegría ... "lluvias de bendición grande mándanos oh Señor!" Amen.

Aplicacion Personal

Peticiones

Respuestas

103

_____

_____

_____

_____

Aplicacion Personal

_____

_____

_____

_____

Peticiones

_____

_____

_____

_____

Respuestas

_____

_____

_____

_____

JEREMÍAS 14:22 "En ti, pues pondremos nuestra esperanza, PORQUE Tú has hecho todas estas cosas." **GENESIS 1:31** "En el principio creo Dios los cielos y la tierra. Y vio Dios todo lo que había hecho, y he aquí que era bueno en GRAN MANERA."

Hoy oramos sin temor de las predicciones humanas de calentamiento global, o congelamiento global, conocemos y sabemos Quién es el Creador y sostenedor de todas las cosas, pues por El fueron creadas y por él se sostienen, él no está preocupado tratando de figurar como arreglar esto o aquello, nuestra esperanza y completa confianza esta puesta en nuestro Dios y Padre, Creador y Sostenedor del Universo y vivimos sin estrés, preocupación, o deprimidos sino ¡en completa paz! Amen.

MARZO 18

JEREMÍAS 33:3 "Clama a mí, y yo te responderé y te revelare cosas grandes e inaccesibles que tu no conoces." **SANTIAGO 1:5** "Y si alguno tiene falta de sabiduría, pídala a Dios, el cual da a todos abundantemente y sin reproche, y le será dada."

Aplicacion Personal

Hoy oramos respondiendo rápidamente a la invitación de nuestro Dios y Padre, de clamar a Él pidiéndole sabiduría, confiando en la promesa de tener acceso a muchas cosas que nosotros no conocemos y ¡serán reveladas a nosotros! Amen.

Peticiones

Respuestas

105

Verdades Biblicas

_____
_____
_____
_____

Aplicacion Personal

_____
_____
_____
_____

Peticiones

_____
_____
_____
_____

Respuestas

_____
_____
_____
_____

JEREMÍAS 33:6 "He aquí yo les traeré medicina y sanidad. Yo los sanaré y les revelaré tiempos de paz y de verdad." **SANTIAGO 5:14-15** ¿"Esta alguno enfermo entre vosotros? Llame a los ancianos de la iglesia, y oren por él, ungiéndolo con aceite en el nombre del Señor. Y la oración de fe salvará al enfermo, y el Señor lo levantará; y si hubiere cometido pecados, le serán perdonados."

Hoy oramos recibiendo el milagro de sanidad en cualquier miembro de nuestra familia que este padeciendo alguna enfermedad, recibiendo la gracia del perdón y sanidad del alma, así como la sanidad física. "Y por cuyas heridas fuisteis sanados." Amen.

MARZO 20

OSEAS 2:14-15 "Pero he aquí que yo la atraeré y la llevaré al desierto, y hablaré a su corazón. Y le daré sus viñas desde allí, y el valle de Arco por 'puerta' de esperanza; y allí cantará como en los tiempos de su juventud, y como en el día de la subida de Egipto."

Hoy oramos no abriendo nuestros labios, sino abriendo nuestros oídos, escuchando cuando Él nos atrae hacia Él y nos habla al corazón en una experiencia de intimidad bella, recordando juntos cuando él nos sacó de 'Egipto' (el mundo) y nos libertó de una triste esclavitud saliendo de ella por la puerta de la esperanza. Amen.

Aplicacion Personal

Peticiones

Respuestas

_____

_____

_____

_____

_____

_____

_____

_____

_____

_____

_____

_____

_____

_____

_____

_____

JOB 22:21-27 "Vuelve ahora en amistad con él, y tendrás paz; y por ello te vendrá bien. Toma ahora la ley de su boca, y pon sus palabras en su corazón. Si te volvieres al Omnipotente, serás edificado; alejarás de tu tienda la aflicción; tendrás más oro que tierra, y como piedras de arroyos oro de Ofir; el Todopoderoso será tu defensa, y tendrás plata en abundancia. Porque entonces te deleitarás en el Omnipotente, y alzarás a Dios tu rostro. Orarás a él, y él te oirá; y tu pagarás tus votos."

Hoy oramos en una sincera búsqueda de la presencia de Dios recibiendo de El nuestra paz, gozo, prosperidad y el deleite de estar en su presencia. Debemos reestablecer esa relación de amistad, reconociendo su omnipotencia, y al acercarnos a El seremos edificados, El alejará la aflicción, y nos promete verdadera prosperidad y la garantía de su oído atento a tu oración, ¡y cumpliremos nuestras promesas y votos de obediencia a EL! Amen.

MARZO 22

SALMO 68:3-6 "Mas los justos se alegrarán; se gozarán delante de Dios, y saltarán de alegría. Cantad a Dios, cantad salmos a su nombre; exaltad al que cabalga sobre los cielos. JAH ES SU NOMBRE; ALEGRAOS DELANTE DE EL. Padre de huérfanos y defensor de viudas es Dios en su santa morada. Dios hace habitar en familia a los desamparados; saca a los cautivos a prosperidad." **ROMANOS 15:14** "Pero estoy seguro de vosotros hermanos míos, que estáis llenos de bondad, llenos de todo conocimiento, de tal manera que podéis amonestaros los unos a los otros."

Hoy oramos declarando que estamos en una iglesia que ha crecido y madurado, aprendiendo a alabar a Dios y saltar de alegría en Su presencia, llenos de todo conocimiento y bondad sanos y capases de ministrarnos y amonestarnos unos a otros en amor. Amen.

Aplicacion Personal

Peticiones

Respuestas

Aplicacion Personal

Peticiones

Respuestas

1 TESALONICENSES 5:8 "Pero nosotros que somos del día, seamos sobrios, vestidos de la coraza de la fe y del amor; y con el casco de la 'esperanza' de la salvación." **EFESIOS 6:10-13** "Por lo demás, hermanos míos, fortaleceos en el Señor, y en el poder de su fuerza vestidos de toda la armadura de Dios, para que podáis estar firmes contra las asechanzas del diablo. Porque no tenemos lucha contra sangre y carne, sino contra principados, contra potestades, contra los gobernadores de las tinieblas de este siglo, contra huestes espirituales en las regiones celestes. Por tanto, tomad toda la armadura de Dios, para que podáis resistir en el día malo, y estar firmes."

Hoy oramos reconociendo los peligros y las asechanzas del diablo, vistiéndonos con toda la armadura de Dios sabiendo que nada ni nadie podrá vencernos pues en El somos más que vencedores. Amen.

MARZO 24

GÁLATAS 4:18-19 "Bueno es mostrar celo en lo bueno siempre, y no solamente cuando estoy presente con vosotros. Hijitos míos por quienes vuelvo a sufrir dolores de parto, hasta que Cristo sea formado en vosotros."

Aplicacion Personal

Hoy oramos declarando ante el Señor nuestra sinceridad demostrando nuestro celo por El ¡en todo tiempo! No solamente cuando nos observan autoridades espirituales, sino dando lugar a la formación de la gloriosa persona de Cristo en nosotros, ¡en todo tiempo mostrar ese celo en y por lo bueno! Amen.

Peticiones

Respuestas

Aplicacion Personal

Peticiones

Respuestas

SAN JUDAS 20-21 "Pero vosotros, amados, edificándoos sobre vuestra santísima fe, orando en el Espíritu Santo, conservaos en el amor de Dios, aguardando con esperanza la misericordia de nuestro Señor Jesucristo para vida eterna ... y a aquel que es poderoso para guardaros sin caída, y presentaros sin mancha delante de su gloria con gran alegría, al único y sabio Dios, nuestro Salvador, sea la gloria y majestad, imperio y potencia, ahora y por todos los siglos. Amen."

Hoy oramos en el Espíritu Santo, que es la unión entre la fe, el amor y la esperanza de gloria, fortalecidos y edificados en Él. Él es el único solo sabio Dios poderoso que nos guarda de caer y nos presenta a si mismo sin mancha ni arruga. Toda la gloria a Él. Amen.

MARZO 26

HEBREOS 10:22-23 "Acerquémonos con corazón sincero, en plena certidumbre de fe, purificados los corazones de mala conciencia, y lavados los cuerpos con agua pura. Mantengamos firme, sin fluctuar, la profesión de nuestra esperanza, porque fiel es el que prometió."

Hoy oramos llegando al lugar que antes era imposible acercarse. Pero ahora, por la purificación hecha en la propiciación de nuestros pecados, nos allegamos confiadamente sin fluctuar, cubiertos con la virtuosa sangre del Cordero de Dios que quita el pecado del mundo. Amen.

Aplicacion Personal

Peticiones

Respuestas

113

Verdades Biblicas

_____

_____

_____

_____

Aplicacion Personal

_____

_____

_____

_____

Peticiones

_____

_____

_____

_____

Respuestas

_____

_____

_____

_____

HEBREOS 10:12-14 "Pero Cristo, habiendo ofrecido para siempre un solo sacrificio por los pecados, se ha sentado a la diestra de Dios, de ahí en adelante esperando hasta que sus enemigos sean puestos por estrado de sus pies; porque con una sola ofrenda hizo perfectos para siempre a los santificados."

Hoy oramos admirando y exaltando el completo, suficiente y sin igual sacrificio de nuestro Salvador y Señor Jesucristo, quien sentado en alta majestad espera el momento en que todos sus enemigos estén debajo de sus pies. Hoy él está sentado porque no tiene ninguna otra batalla que pelear y nosotros sentados juntamente con Él ¡somos más que vencedores! Amen.

MARZO 28

SALMO 91:1-10 "El que habita al abrigo del Altísimo morara bajo la sombra del Omnipotente ... porque has puesto a Jehová, que es mi 'esperanza', al Altísimo por tu habitación no te sobrevendrá mal, ni plaga tocara tu morada."

Hoy oramos confesando que nuestro lugar y hogar está garantizado por el Altísimo con la protección máxima que se puede obtener librándonos de pestilencias y de todo mal que quisiera tocar nuestra morada. ¡Aleluya! Amen.

Aplicacion Personal

Peticiones

Respuestas

115

SALMO 130:3-6 "JAH, si mirares a los pecados, ¿Quién, oh Señor, ¿podrá mantenerse? Pero en ti hay perdón, para que seas reverenciado. Esperé yo a Jehová, esperó mi alma; en su palabra he esperado. Mi alma espera a Jehová más que los centinelas a la mañana."

Hoy oramos confiados en que todos nuestros pecados fueron ocultados para siempre de Su presencia cuando escuchaste la oración de tu propio Hijo; 'Padre perdónalos' porque no saben lo que hacen. Aceptaste el sacrificio cruento del Redentor y jamás te acordaras de nuestros pecados. ¡Aleluya! Amen.

Aplicacion Personal

Peticiones

Respuestas

MARZO 30

SALMO 62:5-7 "Alma mía, en Dios solamente reposa, porque de Él es mi esperanza. Él solamente es mi roca y mi salvación. Es mi refugio, no resbalare. En Dios está mi salvación y mi gloria; en Dios está mi roca fuerte, y mi refugio."

Aplicacion Personal

Hoy oramos disfrutando del reposo y la garantía asegurada de su protección, llenándonos de esperanza y gran expectación de un futuro glorioso, sin penas ni derrotas. ¡Nuestro pie no dará al resbaladero! Amen.

Peticiones

Respuestas

Aplicacion Personal

Peticiones

Respuestas

JEREMÍAS 32:26-27 "Y vino palabra de Jehová, diciendo: He aquí que yo soy Jehová, Dios de toda carne; ¿Habrá algo que sea difícil para mí?"

SAN LUCAS 1:37 "Porque nada hay imposible para Dios."

SAN MATEO 19:26 "Y mirándolos Jesús, les dijo: para los hombres esto es imposible; más para Dios todo es posible."

Hoy oramos proclamando que todo lo imposible a causa de nuestras limitaciones se hace posible para Dios. Clamamos a Dios por hombres, mujeres, jóvenes y niños de todo el Continente que se libertan de la idolatría y vuelven arrepentidos a los pies de la cruz ¡recibiendo a Jesucristo como el único y suficiente Salvador de sus almas! Amen.

JOYA DEL MES

"JUSTICIA DIVINA"

"POR TANTO, NOSOTROS TAMBIÉN, TENIENDO EN DERREDOR NUESTRO TAN GRANDE NUBE DE TESTIGOS, DESPOJÉMONOS DE TODO PESO Y DEL PECADO QUE NOS ACEDIA, Y CORRAMOS CON PACIENCIA LA CARRERA QUE TENEMOS POR DELANTE. Puestos los ojos en Jesús, el autor y consumador de la fe, el cual por el gozo puesto delante de Él sufrió la cruz, menospreciando el oprobio, y se sentó a la diestra del trono de Dios." HEBREOS 12:1-2. Hoy quiero permitirme el privilegio de mencionar a una persona muy importante para mí, que es parte de esta tan grande nube de testigos.' Al cumplirse un año más en este mes de Abril de su partida con el Señor, quiero honrar su memoria recordando a una mujer honorable que con gran humildad y corazón lleno de amor sirvió a Dios y al prójimo toda su vida. Dedicada a la oración y a oír la voz de Dios, guió a sus cinco hijos, yo el primogénito, por el camino de vida cristiana, de honradez e integridad, de fidelidad y servicio a Dios y al prójimo, tres de ellos sirven a Dios como pastores de iglesias. Siempre demostró su amor y respeto por su marido, nuestro muy amado Y FIEL SIERVO DE DIOS, papá. Fue fiel en la iglesia y comprometida a cuidar a los que por primera vez los veía venir a los pies de Jesucristo. Amante lectora de la Biblia, era su alimento diario para su espíritu y también para sus sentimientos y deseos, aún en su edad muy avanzada, ella llamaría por teléfono para saludar a los que no podía visitar, a los nuevos convertidos, a sus hermanos en Cristo cuando se enteraba que estaban enfermos o pasando por alguna prueba. Doy gracias a mi Dios por haber sido ella mi madre, Guillermina Esperanza Martin de

Di Cesare, amada y respetada y muy bien recordada por sus obras de amor. Nuestro tema para este mes de Abril será: "recibiendo la justicia divina para trasformar a los injustos humanos en hombres y mujeres justificados por la fe, por medio de Jesucristo el Justo, por su obra de redención y propiciación de nuestros pecados, para ser participantes de esta tan grande nube de testigos, despojándonos de todo peso y de pecado que nos asedia, y corriendo con paciencia la carrera que tenemos por delante puestos los ojos en Jesús, el autor y consumador de la fe, el cual por el gozo puesto delante de Él sufrió la cruz, menospreciando el oprobio, y se sentó a la diestra del trono de Dios ..."

ABRIL 1

LEVÍTICO 19:1-16 "No harás injusticia en el juicio, ni favoreciendo al pobre ni complaciendo al grande; con justicia juzgarás a tu prójimo. No andarás chismeando entre tu pueblo. No atentarás contra la vida de tu prójimo. Yo JEHOVÁ."

Hoy oramos reconociendo la necesidad de establecer esa justicia divina y clamamos para que, en cada Corte y Juzgados del País, y en todo tipo de relación sea aplicada, transformando el ambiente de los pueblos, las familias e iglesias. Evitando colaborar con los demonios participando en el chisme y la murmuración. Es una orden divina. Amen.

Aplicacion Personal

Peticiones

Respuestas

Aplicacion Personal

Peticiones

Respuestas

DEUTERONOMIO 6:24-25 "Y nos mandó Jehová que cumplamos todos estos estatutos, y que temamos a Jehová nuestro Dios, para que nos vaya bien todos los días, y para que nos conserve la vida, como hasta hoy. Y tendremos justicia cuando cuidemos de poner por obra todos estos mandamientos delante de Jehová nuestro Dios, como Él nos ha mandado.

Hoy oramos pidiendo entendimiento y fuerzas necesarias para poner en práctica en nuestro diario vivir sus estatutos temiendo y respetando sus mandamientos recibiendo el beneficio y bendición de una larga vida de servicio y conforme a su promesa para que 'nos vaya bien' todos los días. Amen.

ABRIL 3

1 SAMUEL 26:21-23 "Entonces dijo Saul: He pecado; vuélvete hijo mío David, que ningún mal te haré más, porque mi vida ha sido estimada preciosa hoy a tus ojos. He aquí yo he hecho neciamente, y he errado en gran manera. Y David respondió y dijo: ... Jehová pagué a cada uno su 'justicia' y su lealtad; pues Jehová te había entregado hoy en mi mano, más yo no quise extender mi mano contra el ungido de Jehová."

Hoy oramos ofreciendo sincero perdón a quienes nos han ofendido o perseguido injustamente, no tomando venganza sino declarando y aplicando la justicia divina a nuestra propia vida. Amen.

Aplicacion Personal

Peticiones

Respuestas

Aplicacion Personal

Peticiones

Respuestas

2 SAMUEL 22:24-26 "Fuí recto para con Él. Y me ha guardado de mi maldad; por lo que me ha recompensado Jehová conforme a mi justicia conforme a la limpieza de mis manos delante de su vista. Con el misericordioso te mostrarás misericordioso, y recto para con el hombre íntegro. Limpio te mostrarás con el limpio, y rígido serás para con el perverso."

Hoy oramos confesando la santidad que me ha sido transferida por el poder de su sangre que me limpia de todo pecado, limpia mi conciencia de acusación y mis 'vestidos' (mi testimonio) de toda mancha. "justificados pues, por la fe tenemos paz para con Dios." Amen.

ABRIL 5

2 CRÓNICAS 6:23 "Tu oirás desde los cielos, y actuarás, y juzgarás a tus siervos, dando la paga al impío, haciendo recaer su proceder sobre su cabeza, y justificando al justo al darle conforme a su justicia."

Hoy oramos sobrecogidos por la gracia y misericordia de nuestro Dios al estar Él atento y actuar bendiciendo al obediente y juzgando al desobediente. Él hace, hizo y hará justicia. Amen.

Aplicacion Personal

Peticiones

Respuestas

125

Aplicacion Personal

Peticiones

Respuestas

JOB 8:5-7 "Si tú de mañana buscares a Dios, y rogares al Todopoderoso; si fueres limpio y recto, ciertamente luego se despertará por tí, y hará prosperar la morada de tu justicia. Y aunque tu principio haya sido pequeño, tu postrer estado será muy grande."

Hoy oramos expresando juntos el deseo de buscar a Dios temprano por la mañana trayéndonos abundancia de bienes y mucha prosperidad en todas las cosas, con un destino de grandeza y gloria sin par. Amen.

ABRIL 7

JOB 33:26-28 "Orará a Dios, y este le amará, y verá su faz con júbilo; y restaurará al hombre su justicia. El mira sobre los hombres; y al que dijere: Pequé, y pervertí lo recto, y no me ha aprovechado, Dios redimirá su alma para que no pase al sepulcro, y su vida se verá en luz."

Hoy oramos declarando la importancia vital de la confesión y el arrepentimiento del pecador para ser justificado delante de Dios, recibiendo la redención eterna de su alma. Cuantos beneficios y bendiciones recibimos de nuestro buen Padre celestial. ¡Amor incomparable, júbilo, restauración, justificación, redención, luz eterna! Amen.

Aplicacion Personal

Peticiones

Respuestas

127

Aplicacion Personal

Peticiones

Respuestas

SALMO 11:4-7 "Jehová está en su santo templo; Jehová tiene en el cielo su trono; sus ojos ven, sus parpados examinan a los hijos de los hombres, Jehová prueba al justo, pero al malo y al que ama violencia, su alma los aborrece … porque Jehová es justo, y ama la justicia; el hombre recto mirará su rostro."

Hoy oramos pidiendo las fuerzas necesarias para caminar en rectitud y en justicia, sabiendo que nada se oculta ante la vista de Dios, examinando Él, nuestro diario caminar. Buscad mi rostro, ha dicho Él y vivirá vuestro corazón. ¡¡Ay!! De aquellos que son malos y aman la violencia, ganan el aborrecimiento de Dios. Amen.

ABRIL 9

SALMO 17:7-15 "Muestra tus maravillosas misericordias, tú que salvas a los que se refugian a tu diestra. Guárdame como a la niña de tus ojos. Escóndeme bajo la sombra de tus alas ... En cuanto a mí, veré tu rostro en justicia; estaré satisfecho cuando despierte a tu semejanza.

Hoy oramos con asombro contemplando las maravillas de su misericordia. Buscando refugio bajo la sombra de sus alas. Amen.

Aplicacion Personal

Peticiones

Respuestas

Verdades Biblicas

Aplicacion Personal

Peticiones

Respuestas

SALMO 22:29-31 "Comerán y adorarán todos los poderosos de la tierra; se postrarán delante de Él todos los que descienden al polvo, aún el que no puede conservar la vida a su propia alma. Vendrán y anunciarán su justicia a pueblo no nacido aún, anunciarán que Él hizo esto."

Hoy oramos celebrando la imperecedera e inmutable justicia de Dios y todos los gobernantes de la tierra lo reconocerán y se postrarán delante de Él. Amen.

ABRIL 11

SALMO 23:1-3 "Jehová es mi pastor, nada me faltara. En lugares de delicados pastos me hará descansar; junto a aguas de reposo me pastoreará. Confortará mi alma; me guiará por sendas de justicia por amor de su nombre. Aunque ande en valle de sombra de muerte, no temeré mal alguno porque tu estarás conmigo; tu vara y tu cayado me infundirán aliento."

Aplicacion Personal

Hoy oramos conmovidos por la gracia y misericordia que expresa como el Buen Pastor, que nos lleva a lugares de delicados pastos y nos encamina por senderos de justicia, pastoreándonos junto a manantiales de aguas cristalinas y refrescantes. Amen.

Peticiones

Respuestas

131

Aplicacion Personal

Peticiones

Respuestas

"**SALMO 24:3-5** "El limpio de manos y puro de corazón; el que no ha elevado su alma a cosas vanas, ni jurado con engaño. El recibirá bendición de Jehová, justicia del Dios de salvación. Tal es la generación de los que le buscan, de los que buscan tu rostro, oh Dios de Jacob."

Hoy oramos reconociendo nuestra responsabilidad de vivir apartados y santamente consagrados a nuestro Dios, recibiendo de Él la bendición y la justificación que es por la fe en Jesucristo. Amen.

ABRIL 13

SALMO 31:1-4 "En ti, oh Jehová, he confiado; no sea yo confundido jamás; líbrame en tu justicia. Inclina a mi tu oído, líbrame pronto; se tu mi roca fuerte, y fortaleza para salvarme. Porque tú eres mi roca fuerte y mi castillo; por tu nombre me guiaras y me encaminaras."

Hoy oramos expulsando toda sombra de duda y confusión confiando plenamente en la Roca fuerte y el pronto refugio que nos da nuestro amado Señor y Salvador Jesucristo. Amen.

Aplicacion Personal

Peticiones

Respuestas

Aplicacion Personal

Peticiones

Respuestas

SALMO 33:4-6 "Porque recta es la palabra de Jehová, y toda su obra es hecha con fidelidad. El ama justicia y juicio; de la misericordia de Jehová está llena la tierra. Por la palabra de Jehová fueron hechos los cielos, y todos los ejércitos de ellos por el aliento de su boca."

Hoy oramos con el lenguaje celestial, expresando la Palabra de Dios creadora del universo y reconociendo su gran fidelidad en todas sus obras; alabando y glorificando su grandeza. Amen.

ABRIL 15

SALMO 35:23-24 "Muévete y despierta para hacerme justicia, Dios mío y Señor mío, para defender mi causa. Júzgame conforme a tu justicia Jehová Dios mío, y no se alegren de mí."

Hoy oramos comprendiendo que, en cualquier conflicto al llamar a nuestro Dios Juez justo, en nuestra defensa peleando Él por nosotros, tenemos asegurada una completa victoria, al defender Él mi causa cuento con el mejor Abogado de todo el mundo, y todos nuestros enemigos serán ellos confundidos y avergonzados. Amen.

Aplicacion Personal

Peticiones

Respuestas

135

Verdades Biblicas

_____

_____

_____

_____

Aplicacion Personal

_____

_____

_____

_____

Peticiones

_____

_____

_____

_____

Respuestas

_____

_____

_____

_____

SALMO 36:5-10 "Jehová, hasta los cielos llega tu misericordia, y tu fidelidad alcanza hasta las nubes. Tu JUSTICIA es como los montes de Dios, tus juicios abismo grande ... Extiende tu misericordia a los que te conocen, y tu JUSTICIA a los rectos de corazón."

Hoy oramos pidiendo sabiduría y un más amplio conocimiento de estos cuatro atributos de nuestro Dios; 1.) Misericordia; 2.) Fidelidad; 3.) JUSTICIA; 4.)Juicios.- La altura de su misericordia cubre todas nuestras necesidades; su fidelidad alcanza hasta las nubes más obscuras que quisieran cubrir tus cielos celestes y claros y su justicia se manifestó en el Monte de los montes, el Monte de la Calavera, el Monte Calvario, sus juicios extendidos hasta lo más profundo fueron satisfechos en la gloriosa Persona de Jesús, produciendo el milagro de una trasferencia de su justicia a nosotros, "justificados, pues, por la fe tenemos paz para con Dios por medio de nuestro Señor Jesucristo." Romanos 5:1. Amen.

ABRIL 17

SALMO 40:9-10 "He anunciado justicia en grande congregación; he aquí, no refrené mis labios, Jehová, tú lo sabes. No encubrí tu justicia dentro de mi corazón; he publicado tu fidelidad y tu salvación; no oculté tu misericordia y tu verdad en grande asamblea."

Hoy oramos confesando nuestra negligencia y hasta indiferencia en compartir el gran mensaje de vida, perdón, salvación, esperanza; pidiendo perdón y proponiéndonos ser parte de los que están descriptos en este precioso Salmo. Amen.

Aplicacion Personal

Peticiones

Respuestas

137

Aplicacion Personal

Peticiones

Respuestas

SALMO 45:6-7 "Tu trono, oh Dios, es eterno y para siempre; cetro de justicia es el cetro de tu reino. Has amado la justicia y aborrecido la maldad; por tanto, te ungió Dios, el Dios tuyo, con oleo de alegría más que a tus compañeros."

Hoy oramos reconociendo esta palabra profética que nos manifiesta el amor a la justicia demostrado en cada acto, mirada y acción de la vida humana de Jesús el Señor y Salvador nuestro. Amen.

ABRIL 19

SALMO 48:9-14 "Nos acordamos de tu misericordia, oh Dios, así es tu loor hasta los fines de la tierra; de justicia está llena tu diestra. Se alegrará el monte de Sion; se gozarán las hijas de Judá por tus juicios ... porque este Dios es Dios nuestro eternamente y para siempre; él nos guiará aún más allá de la muerte."

Hoy oramos proclamando nuestro destino, reconociendo a nuestro Capitán que nos conduce a la vida eterna. Nuestra esperanza está fundada en los justos juicios de nuestro Dios. Amen.

Aplicacion Personal

_____

_____

_____

_____

Peticiones

_____

_____

_____

_____

Respuestas

_____

_____

_____

_____

Verdades Biblicas

_____

_____

_____

_____

Aplicacion Personal

_____

_____

_____

_____

Peticiones

_____

_____

_____

_____

_____

Respuestas

_____

_____

_____

_____

ISAÍAS 26:8-9 "También en el camino de tus juicios, oh Jehová, te hemos esperado; tu nombre y tu memoria son el deseo de nuestra alma. Con mi alma te he deseado en la noche, y en tanto que me dure el espíritu dentro de mí, madrugaré a buscarte; porque luego que hay juicios tuyos en la tierra, los moradores del mundo aprenden justicia."

Hoy oramos expresando nuestra total dependencia de los justos juicios de nuestro Padre, deseando con vehemencia la presencia e invocando su glorioso y poderoso nombre. Buscándole de madrugada como prioridad y siendo protegidos por sus justos juicios. Amen.

ABRIL 21

ISAÍAS 28:16-17 "Por tanto, Jehová el Señor dice así: He aquí que yo he puesto en Sion por fundamento una piedra, piedra probada, angular, preciosa, de cimiento estable; el que creyere, no se apresure. Y ajustaré el juicio al cordel, y a nivel la justicia."

Hoy oramos proclamando la gloriosa presencia de nuestro Señor Jesucristo como esa piedra preciosa de esquina, que rechazaron los edificadores; pero que ha venido a ser autoridad, gobierno y seguridad para todo aquel que creyere en Él. Amen.

Aplicacion Personal

Peticiones

Respuestas

Aplicacion Personal

Peticiones

Respuestas

ISAÍAS 32:1-2 "He aquí para justicia reinará un Rey, y príncipes presidirán en juicio. Y será aquel varón como escondedor contra el viento, y como refugio contra el turbión; como arroyos de aguas en tierra de sequedad, como sombra de gran peñasco en tierra calurosa."

Hoy oramos confesando con alabanza y gran regocijo el reinado glorioso de nuestro Señor y Salvador Jesucristo, y reinaremos con ÉL trayendo la bendición completa de protección, refugio y sombra. ¡ALELUYA! Amen.

ABRIL 23

ISAÍAS 33;15-16 "El que camina en justicia y habla lo recto; el que aborrece la ganancia de violencias, el que sacude sus manos para no recibir cohecho, el que tapa sus oídos para no recibir propuestas sanguinarias; el que cierra sus ojos para no ver cosas malas; este habitará en las alturas; fortaleza de roca será su lugar de refugio; se le dará pan y sus aguas serán seguras."

Hoy oramos aclamando y proclamando la grandeza de nuestro Dios en levantar al justo que decide caminar en justicia y obediencia, porque 'este habitará en las alturas' Amen.

Aplicacion Personal

Peticiones

Respuestas

143

Aplicacion Personal

Peticiones

Respuestas

ISAÍAS 41:9-10 "Porque te tomé de los confines de la tierra, y de tierras lejanas te llamé, y te dije: Mi siervo eres tú; te escogí, y no te deseché. No temas, porque yo estoy contigo; no desmayes, porque yo soy tu Dios que te esfuerzo; siempre te ayudaré, siempre te sustentaré con la diestra de mi justicia."

Hoy oramos con gratitud por haber sido elegidos y escogidos desde antes de la fundación del mundo para vivir sin el miedo y terror que aflige al mundo en el presente y con la confianza de un futuro lleno de gloria y de esperanza. Amen.

ABRIL 25

HECHOS 10:34-35 "Entonces Pedro, abriendo la boca, dijo: En verdad comprendo que Dios no hace acepción de personas, sino que de toda nación se agrada del que le teme y hace justicia. Dios envió mensaje a los hijos de Israel, anunciando el evangelio de la paz por medio de Jesucristo; Este es Señor de todos."

Hoy oramos pidiendo a Dios que una poderosa unción llene a cada creyente para llevar este poderoso mensaje a cada pueblo lengua y nación llevándoles esperanza y el gozo de la vida eterna en Cristo Jesús Señor nuestro. Amen.

Aplicacion Personal

Peticiones

Respuestas

Aplicacion Personal

Peticiones

Respuestas

ROMANOS 1:16-17 "Porque no me avergüenzo del evangelio, porque es poder de Dios para salvación a todo aquel que cree; al judío, primeramente y también al griego. Porque en el evangelio la justicia de Dios se revela por fe y para fe, como está escrito: El justo por la fe vivirá."

Hoy oramos sintiéndonos completamente honrados en ser partícipes de la bendición que significa predicar las buenas nuevas de este glorioso evangelio que aplica la justicia de Dios por medio de la fe a cada uno que cree y recibe a Jesucristo como su único y suficiente Salvador. Amen.

ABRIL 27

2 CORINTIOS 5:20-21 "Así que somos embajadores en nombre de Cristo, como si Dios rogase por medio de nosotros; os rogamos en nombre de Cristo: Reconciliaos con Dios. Al que no conoció pecado, lo hizo pecado, para que nosotros fuésemos hechos justicia de Dios en ÉL."

Hoy oramos con temor y temblor frente a la responsabilidad de ser Embajadores en nombre de Cristo, y rogamos, como si Dios rogase por medio de nosotros, por nuestros familiares, amigos y por cualquier ser humano que pase por nuestro camino: 'Reconciliaos con Dios'. Amen.

Aplicacion Personal

Peticiones

Respuestas

147

ROMANOS 3:24-25 "Siendo justificados gratuitamente por su gracia, mediante la redención que es en Cristo Jesús, a quien Dios puso como propiciación por medio de la fe en su sangre, para manifestar su justicia; a causa de haber pasado por alto, en su paciencia, los pecados pasados, con la mira de manifestar su justicia a fin de que ÉL sea el justo, y el que justifica al que es de la fe de Jesús."

Aplicacion Personal

Hoy oramos con adoración y profunda gratitud por ser participante gratuitamente de su gracia y de una salvación tan grande y costosa el Justo tomando el lugar del injusto y transgresor, recibiendo la propiciación por medio de la fe EN SU SANGRE. ¡ALELUYA! Amen.

Peticiones

Respuestas

ABRIL 29

"**2 CORINTIOS 9:6-11** "Y poderoso es Dios para hacer que abunde en vosotros toda gracia, a fin de que, teniendo siempre en todas las cosas todo lo suficiente, abundéis para toda buena obra, como está escrito: Repartió, dio a los pobres; su justicia permanece para siempre. Y el que da semilla al que siembra, y pan al que come, proveerá y multiplicará vuestra sementera, y aumentará los frutos de vuestra justicia."

Hoy oramos asombrados y con gozo recibiendo la abundante gracia, teniendo en todo lo suficiente y mucho más para abundar en buenas obras y al plantar las semillas que se reproducen y multiplican aumentara los frutos de nuestra justicia. Gloria sea dada a nuestro buen Padre celestial. Amen.

Aplicacion Personal

Peticiones

Respuestas

149

Verdades Biblicas

_____

_____

_____

_____

Aplicacion Personal

_____

_____

_____

_____

Peticiones

_____

_____

_____

_____

Respuestas

_____

_____

_____

_____

FILIPENSES 1:9-11 "Y esto pido en oración, que vuestro amor abunde más y más en ciencia y en todo conocimiento, para que aprobéis lo mejor, a fin de que seáis sinceros e irreprensibles para el día de Cristo, llenos de frutos de justicia que son por medio de Jesucristo, para gloria y alabanza de Dios."

¡Hoy oramos pidiendo a Dios la manifestación de un gran avivamiento comenzando con las palabras del Verso siendo nosotros llenos de frutos de justicia e irreprensibles delante de nuestro gran Dios y Salvador, el Señor Jesucristo, Rey de reyes y Señor de señores! Amen.

MES DE MAYO

JOYA DEL MES

"LA PAZ EN LA TIERRA"

Paz con Dios, busqué ganarla con febril solicitud; Mas mis 'obras meritorias' no me dieron la salud. Lleno estaba yo de dudas, temeroso de morir; hoy en paz, mañana triste, con temor del porvenir. Al final en desespero, "ya no puedo" dije yo; Y del cielo oí respuesta: "Todo hecho ya quedó." De mis obras despojado, vi la obra de Jesús; Supe que la paz fué hecha por la sangre de su cruz. ¡Oh, que paz Jesús me da! Paz que antes ignoré, todo nuevo se tornó desde que su paz hallé.

Verdades Biblicas

Aplicacion Personal

Peticiones

Respuestas

Isaías 52:6-7 "Por tanto, mi pueblo sabrá mi nombre por esta causa en aquel día; porque Yo mismo que hablo, he aquí estaré presente. Cuán hermosos son sobre los montes los pies del que trae alegres nuevas, del que anuncia 'la paz' del que trae nuevas del bien, del que publica salvación, del que dice a Sion: Tu Dios reina!"

Hoy oramos con gran emoción conociendo El nombre que es sobre todo nombre, reconociendo Su presencia, bendiciendo los pies de los que corren por las naciones llevando un mensaje de 'paz' y esperanza. Amen.

MAYO 2

San Mateo 10:7-13 "Y yendo, predicad, diciendo: El reino de los cielos se ha acercado. Sanad enfermos, limpiad leprosos, resucitad muertos, echad fuera demonios; de gracia recibisteis, dad de gracia ...

Al entrar en la casa, saludadla. Y si la casa fuere digna, vuestra 'paz' vendrá sobre ella; más si no fuere digna, vuestra 'paz' se volverá a vosotros."

Hoy oramos rogando a Dios que toda la iglesia del Señor cumpla con su misión predicando la presencia del Reino con demostración de gran poder en milagros y señales y tenga el debido discernimiento. Amen.

Aplicacion Personal

Peticiones

Respuestas

153

MAYO 3

Verdades Biblicas

_____

_____

_____

_____

Aplicacion Personal

_____

_____

_____

Peticiones

_____

_____

_____

_____

Respuestas

_____

_____

_____

_____

San Marcos 9:50 "Buena es la sal; más si la sal se hace insípida, ¿con qué la sazonaréis? Tened 'paz' los unos con los otros."

Hoy oramos pidiendo que exista el sabor de una vida pura en nosotros que une en ligaduras de verdadera paz y armonía en el cuerpo de Cristo. Amen.

MAYO 4

San Lucas 1:77-79 "Para dar conocimiento de salvación a su pueblo, para perdón de sus pecados, por la entrañable misericordia de nuestro Dios, con que nos visitó desde lo alto la aurora, para dar luz a los que habitan en sombra de muerte; para encaminar nuestros pies por caminos de paz".

Aplicacion Personal

Hoy oramos con gran expresión de gratitud por la revelación del corazón de nuestro Dios encaminándonos por senderos llenos de paz. Dándonos luz en el valle de sombra de muerte, ofreciendo el completo perdón de nuestros pecados, todo por su gracia y entrañable misericordia. Amen.

Peticiones

Respuestas

155

_____

_____

_____

_____

Aplicacion Personal

_____

_____

_____

_____

Peticiones

_____

_____

_____

_____

Respuestas

_____

_____

_____

_____

San Lucas 2:13-14 "Y repentinamente apareció con el ángel una multitud de las huestes celestiales, que alababan a Dios, y decían: ¡Gloria a Dios en las alturas, y en la tierra paz buena voluntad para con los hombres!"

Hoy oramos dando gloria y alabanza a nuestro Dios por enviar un coro angelical para anunciar la buena voluntad de Dios en darnos la verdadera paz introduciéndonos al Príncipe de paz, Jesucristo. Amen.

MAYO 6

San Lucas 2:27-29 "Y movido por el Espíritu Santo, vino al templo. Y cuando María y José trajeron al niño Jesús al templo, para hacer por él conforme al rito de la ley, él lo tomó en sus brazos, y bendijo a Dios, diciendo: Ahora, Señor, despide a tu siervo en 'paz' conforme a tu palabra."

Hoy oramos sintiendo dentro de nuestro ser como Simeón, el mover del Espíritu Santo estableciendo la firmeza de sus palabras, cumpliendo en todos los requisitos de la ley, dándonos confianza y mucha paz. Amen.

Aplicacion Personal

Peticiones

Respuestas

157

Verdades Biblicas

_____

_____

_____

_____

Aplicacion Personal

_____

_____

_____

_____

Peticiones

_____

_____

_____

_____

Respuestas

_____

_____

_____

_____

San Lucas 7: 48-50 "Y a ella dijo: Tus pecados te son perdonados ... Pero él le dijo a la mujer: Tu fe te ha salvado, ve en paz."

Hoy oramos haciendo memoria del momento en que confesamos con arrepentimiento nuestro pecado y la paz de Dios ¡llenó nuestra alma! ¡Gracias Señor! Todo el temor y la inseguridad fueron removidos de nuestro espíritu y todo nuestro ser se llenó de fe, amor y esperanza. Amen.

MAYO 8

San Lucas 11:21-22 "Cuando el hombre fuerte armado guarda su palacio, en paz está todo lo que posee. Pero cuando viene otro más fuerte que él y le vence, le quita todas sus armas en que confiaba, y reparte el botín."

Hoy oramos pidiendo sabiduría para no ser engañados por el mentiroso que finge dar paz y solo provee destrucción y pérdida total. Amen.

Verdades Biblicas

_____

_____

_____

_____

Aplicacion Personal

_____

_____

_____

_____

Peticiones

_____

_____

_____

_____

Respuestas

_____

_____

_____

_____

Verdades Biblicas

_____

_____

_____

_____

Aplicacion Personal

_____

_____

_____

_____

Peticiones

_____

_____

_____

_____

Respuestas

_____

_____

_____

_____

San Lucas 19:41-42 "Y cuando llegó cerca de la ciudad, al verla, lloró sobre ella, diciendo: Oh, si también tú conocieses, a lo menos en este tu día lo que es para tu paz! Mas ahora está encubierto a tus ojos."

Hoy oremos por la paz de Jerusalén. Amen.

MAYO 10

San Lucas 24:36-53 "Mientras ellos aún hablaban de estas cosas, Jesús se puso en medio de ellos, y les dijo: 'Paz' a vosotros. Entonces, espantados y atemorizados, pensaban que veían espíritu. Pero él les dijo: ¿Porque estáis turbados, y vienen a vuestros corazones estos pensamientos? Ellos después de haberle adorado, volvieron a Jerusalén con gran gozo; y estaban siempre en el templo, alabando y bendiciendo a Dios. Amén."

Hoy oramos siendo librados de toda turbación y de todo espíritu de temor. Él está en medio nuestro dando PAZ. Amen.

Aplicacion Personal

Peticiones

Respuestas

MAYO 11

San Juan 14:27 "La 'paz' os dejo, mi 'paz' os doy; yo no la doy como el mundo la da. No se turbe vuestro corazón, ni tenga miedo."

Aplicacion Personal

Hoy oramos comprendiendo la diferencia que existe entre la paz ficticia que el mundo ofrece y la verdadera paz, que es Su propia Paz. Amen.

Peticiones

Respuestas

MAYO 12

San Juan 16:33 "Estas cosas os he hablado para que en mí tengáis 'paz' En el mundo tendréis aflicción, pero confiad, yo he vencido al mundo."

Hoy oramos confiando en las palabras que él nos ha hablado y en su completa victoria sobre satanás y el mundo. Amen.

Aplicacion Personal

Peticiones

Respuestas

Verdades Biblicas

Hechos 9:31 "Entonces las iglesias tenían 'paz' por toda Judea, Galilea y Samaria; y eran edificadas, andando en el temor del Señor, y se acrecentaban fortalecidas por el Espíritu Santo."

Aplicacion Personal

Hoy oramos dedicando un tiempo especial para nuestros hermanos que sufren persecución por causa del evangelio en otros lugares y pedimos el avivamiento en nuestra iglesia recibiendo fortaleza y crecimiento por el total control del Espíritu Santo en nuestra ciudad. Amen.

Peticiones

Respuestas

MAYO 14

Hechos 12:20 "Y Herodes estaba enojado contra los de Tiro y de Sidón; pero ellos vinieron de acuerdo ante él, y sobornado Blasto, que era camarero mayor del rey, pedían 'paz' porque su territorio era abastecido por el del rey."

Hoy oramos intercediendo para que, en las naciones, el clamor por la paz no se dirija a fuentes equivocadas que no pueden proveer la paz verdadera. Amen.

Aplicacion Personal

Peticiones

Respuestas

_____

_____

_____

_____

Aplicacion Personal

_____

_____

_____

_____

Peticiones

_____

_____

_____

_____

Respuestas

_____

_____

_____

_____

Jueces 6:22-24 "Viendo entonces Gedeón que era el ángel de Jehová, dijo: Ah, Señor Jehová, que he visto al ángel de Jehová cara a cara. Pero Jehová le dijo: 'Paz' a ti; no tengas temor, no morirás. Y edificó allí Gedeón altar a Jehová, y lo llamó **Jehová-Shalom.**"

Hoy oramos sintiendo en nuestro interior la gloriosa presencia de nuestro Dios y levantamos un altar de alabanza a nuestro Dios, Dios de paz. "JEHOVÁ-SHALOM." Amen.

MAYO 16

Hechos 15:32-33 "Y Judas y Silas, como ellos también eran profetas, consolaron y confirmaron a los hermanos con abundancia de palabras. Y pasando algún tiempo allí, fueron despedidos en 'paz' por los hermanos, para volver a aquellos que los habían enviado."

Hoy oramos por relaciones pacíficas entre los líderes del pueblo de Dios, como Judas y Silas trayendo consuelo con palabras edificantes y hoy oramos por unidad en los vínculos de paz. Amen.

Aplicacion Personal

Peticiones

Respuestas

Hechos 24:1-5 "Y comparecieron ante el gobernador <u>contra Pablo.</u> Y cuando éste fue llamado, Tértulo comenzó a acusarle, diciendo: Como debido "a ti gozamos de gran paz" y muchas cosas son bien gobernadas en el pueblo por tu prudencia, oh excelentísimo Félix."

Hoy oramos pidiendo la justicia y la protección de nuestro Dios por aquéllos que sufren hoy en manos de aquéllos que pretenden ofrecer paz que no proviene de nuestro Príncipe de Paz. Amen.

MAYO 18

Romanos 5:1-5 "Justificados, pues, por la fe, tenemos paz para con Dios por medio de nuestro Señor Jesucristo; por quien también tenemos entrada por la fe a esta gracia en la cual estamos firmes, y nos gloriamos en la esperanza de la gloria de Dios. Y no sólo esto, sino que también nos gloriamos en las tribulaciones, sabiendo que la tribulación produce paciencia; y la paciencia, prueba; y la prueba esperanza; y la esperanza no avergüenza."

Hoy oramos poniendo sin efecto las acusaciones del Diablo en contra de nosotros, siendo justificados y en paz aún en medio de tribulaciones y pruebas que producen en nosotros un carácter firme y con esperanza. Amen.

Aplicacion Personal

Peticiones

Respuestas

169

Aplicacion Personal

Peticiones

Respuestas

Romanos 8:1-6 "Ahora, pues ninguna condenación hay para los que están en Cristo Jesús, los que no andan conforme a la carne, sino conforme al Espíritu. Porque los que son de la carne piensan en las cosas de la carne; pero los que son del Espíritu del Espíritu. Porque el ocuparse de la carne es muerte, pero el ocuparse del Espíritu es vida y paz."

Hoy oramos sabiendo que el dedo acusador no puede acusarnos ni condenarnos, declarando crucificada a la carne, viviendo en paz, caminando en el Espíritu. Amen.

MAYO 20

Romanos 14:17-19 "Porque el reino de Dios no es comida ni bebida, sino justicia, 'paz' y gozo en el Espíritu Santo. Porque el que en esto sirve a Cristo, agrada a Dios, y es aprobado por los hombres. Así que, sigamos lo que contribuye a la paz y a la mutua edificación."

Hoy oramos buscando de todo corazón el servir en todo a Jesucristo y agradar a nuestro Dios y a nuestros semejantes. Siendo participantes del reino de Dios que consiste en justicia, paz y gozo. Esto nos da paz y nos edifica mutuamente. Amen.

Aplicacion Personal

Peticiones

Respuestas

171

Aplicacion Personal

Peticiones

Respuestas

Romanos 15:13-14 "Y el Dios de esperanza os llene de todo gozo y paz en el creer, para que abundéis en esperanza por el poder del Espíritu Santo. Pero estoy seguro de vosotros, hermanos míos, de que vosotros mismos estáis llenos de bondad, llenos de todo conocimiento, de tal manera que podéis amonestaros los unos a los otros."

Hoy oramos confesando el desarrollo y crecimiento de una esperanza de gloria que hoy manifiesta el gran poder del Espíritu Santo en una vida separada santa llena de bondad y de buenas obras. Amen.

MAYO 22

1 Corintios 16:9-11 "Porque se me ha abierto puerta grande y eficaz, y muchos son los adversarios. Y si llega Timoteo, mirad que esté con vosotros con tranquilidad, porque él hace la obra del Señor, así como yo. Por tanto, nadie le tenga en poco, sino encaminadle en paz para que venga a mí, porque le espero con los hermanos."

Hoy oramos intercediendo por los siervos del Señor para que mantengan entre ellos un firme compromiso de compañerismo, apoyo y respeto mutuo. Amen.

Verdades Biblicas

_____
_____
_____
_____

Aplicacion Personal

_____
_____
_____
_____

Peticiones

_____
_____
_____
_____

Respuestas

_____
_____
_____
_____

Verdades Biblicas

_____

_____

_____

_____

2 Corintios 13:11 "Por lo demás, hermanos, tened gozo, perfeccionaos, consolaos, sed de un mismo sentir, y vivid en paz y el Dios de 'paz' y de amor estará con vosotros."

Aplicacion Personal

_____

_____

_____

_____

Hoy oramos pidiendo a Dios que tomemos como un estilo de vida el estar en paz con nosotros mismos y con todos, en amor. "Mirad cuan bueno y delicioso es habitar los hermanos juntos en armonía, porque allí ..." Salmo 133. Amen.

Peticiones

_____

_____

_____

_____

Respuestas

_____

_____

_____

_____

MAYO 24

Gálatas 5:22-23 "Mas el fruto del Espíritu es amor, gozo, 'paz' paciencia, benignidad, bondad, fe, mansedumbre, templanza; contra tales cosas no hay ley. Pero los que son de Cristo han crucificado la carne con sus pasiones y deseos."

Hoy oramos permitiendo todo el control de nuestro día al Espíritu Santo que produce frutos de gozo y abundante paz y prosperidad tomando la cruz cada día, siguiendo al Maestro! Amen.

Aplicacion Personal

Peticiones

Respuestas

175

Efesios 2:13-17 "Pero ahora en Cristo Jesús, vosotros que en otro tiempo estabais lejos, habéis sido hechos cercanos por la sangre de Cristo. Porque él es nuestra paz que de ambos pueblos hizo uno, derribando la pared intermedia de separación. Para crear en sí mismo de los dos un solo y nuevo hombre, haciendo la paz."

Hoy oramos por la unidad entre judíos y Gentiles que en Cristo Jesús hoy forman un solo cuerpo pacificado y unido por la sangre de Cristo. Amen.

Aplicacion Personal

Peticiones

Respuestas

MAYO 26

Efesios 4:2-5 "Con toda humildad y mansedumbre, soportándoos con paciencia los unos a los otros en amor, solícitos en guardar la unidad del Espíritu en el vínculo de la paz, un cuerpo, y un Espíritu, como fuisteis también llamados en una misma esperanza de vuestra vocación; un Señor, una fe, un bautismo, un Dios y Padre de todos, el cual es sobre todos, y por todos, y en todos."

Hoy oramos buscando en el Señor vivir con mansedumbre y en Humildad, unidos en el vínculo de la paz. Amen.

Aplicacion Personal

Peticiones

Respuestas

Verdades Biblicas

Aplicacion Personal

Peticiones

Respuestas

Efesios 6:14-16 "Estad, pues, firmes, ceñidos vuestros lomos con la verdad, y vestidos con la coraza de justicia, y calzados los pies con el apresto del evangelio de la paz, Sobre todo, tomad el escudo de la fe, con que podáis apagar todos los dardos de fuego del maligno."

Hoy oramos asegurándonos de estar vestidos con toda la armadura de Dios para no solo resistir sino vencer al diablo y sus fuerzas de maldad y tinieblas apagando sus dardos malignos y estableciendo una base firme y segura. Amen.

MAYO 28

Filipenses 4:6-7 "Por nada estéis afanosos, sino sean conocidas vuestras peticiones delante de Dios en toda oración y ruego, con acción de gracias. Y la 'paz' de Dios que sobrepasa todo entendimiento, guardará vuestros corazones y vuestros pensamientos en Cristo Jesús."

Hoy oramos conquistando todo pensamiento que quiera introducirnos al afán y la ansiedad, llenándonos de una paz sobrenatural que sobrepasa nuestro entender. Amen.

Aplicacion Personal

Peticiones

Respuestas

179

Verdades Biblicas

_____

_____

_____

_____

Aplicacion Personal

_____

_____

_____

_____

Peticiones

_____

_____

_____

_____

Respuestas

_____

_____

_____

_____

1 Tesalonicenses 5:2-3 "Porque vosotros sabéis perfectamente que el día del Señor vendrá, así como ladrón en la noche; que cuando digan: 'Paz' y seguridad, entonces vendrá sobre ellos destrucción repentina, como los dolores de la mujer en cinta, y no escaparán."

Hoy oramos con la expectativa del rapto de la iglesia del Señor, estando preparados para ir con él. Amen.

MAYO 30

Colosenses 3: 14-15 "Y sobre todas estas cosas vestíos de amor, que es el vínculo perfecto. Y la 'paz' de Dios gobierne en vuestros corazones, a la que asimismo fuisteis llamados en un solo cuerpo; y sed agradecidos."

Hoy oramos vistiéndonos con vestidos sagrados de amor y somos gobernados por la perfecta paz de Dios, viviendo en completa gratitud. Amen.

Aplicacion Personal

_____

_____

_____

_____

_____

Peticiones

_____

_____

_____

_____

Respuestas

_____

_____

_____

_____

Verdades Biblicas

_____

_____

_____

_____

Aplicacion Personal

_____

_____

_____

_____

Peticiones

_____

_____

_____

_____

Respuestas

_____

_____

_____

_____

Hebreos 13:20-21 "Y el Dios de 'paz' que resucitó de los muertos a nuestro Señor Jesucristo, el gran Pastor de las ovejas, por la sangre del pacto eterno, os haga aptos en toda obra buena para que hagáis su voluntad, haciendo él en vosotros lo que es agradable delante de él por Jesucristo; al cual sea la gloria por los siglos de los siglos. Amén."

¡Hoy oramos dando curso a la fuerza de resurrección de nuestro Señor Jesucristo y el poder del nuevo pacto en su sangre produciendo en nosotros una iglesia activa y poderosa que cumple con el propósito de Dios en la tierra! Amen.

MES DE JUNIO

JOYA DEL MES

"PERDÓN"

Cuenta una historia, que dos amigos iban caminando por el desierto.

En algún punto del viaje comenzaron a discutir, y un amigo le dio una bofetada al otro. Lastimado, pero sin decir nada, escribió en la arena 'Hoy mi mejor amigo me dio una bofetada. Siguieron hasta que encontraron un oasis, donde decidieron bañarse. El amigo que había sido abofeteado comenzó a ahogarse, pero su amigo lo salvó. El amigo que había sido abofeteado y salvado a su mejor amigo le preguntó: 'Cuando te lastimé escribiste en la arena y ahora lo haces en la piedra, ¿porqué? El otro amigo le respondió: 'Cuando alguien nos lastima *debemos escribirlo en la arena donde los 'vientos' del perdón puedan borrarlo.'* Pero cuando alguien hace algo bueno por nosotros, '***debemos grabarlo en piedra, donde ningún viento pueda borrarlo***'.

Éxodo 34:6-7 "Y pasando Jehová por delante de él, proclamó: ¡Jehová! ¡Jehová! Fuerte, misericordioso y piadoso; tardo para la ira, y grande en misericordia y verdad; que guarda misericordia a millares, que 'perdona' la iniquidad, la rebelión y el pecado, y que en ningún modo tendrá por inocente al malvado."

Hoy oramos tomando la actitud de Moisés, "entonces Moisés, apresurándose, bajó la cabeza hacia el suelo y adoró." Esta es nuestra postura en la presencia de nuestro Dios; proclamamos su total perdón en nuestras vidas, y la inflexible e incambiable postura de la justicia divina frente a la maldad y rebelión. Amen.

JUNIO 2

1 Samuel 15:24; Gálatas 6:7 "Porque como pecado de adivinación es la rebelión, … Entonces Saúl dijo a Samuel: Yo he pecado; pues he quebrantado el mandamiento de Jehová y tus palabras, porque temí al pueblo y consentí a la voz de ellos." "No os engañéis; Dios no puede ser burlado."

Aplicacion Personal

Hoy oramos reconociendo la verdad de Dios y sabiendo que nada hay encubierto delante de él pues él conoce el corazón. "Dios no puede ser burlado, todo lo que el hombre sembrare, eso también segara." Amen.

Peticiones

Respuestas

Verdades Biblicas

_____

_____

_____

_____

Aplicacion Personal

_____

_____

_____

_____

Peticiones

_____

_____

_____

_____

_____

Respuestas

_____

_____

_____

_____

Reyes 8:33-34 "Si tu pueblo Israel fuere derrotado delante de sus enemigos por haber pecado contra ti, y se volvieren a ti y confesaren tu nombre, y oraren y te rogaren y suplicaren en esta casa, tú oirás en los cielos, y 'perdonarás' el pecado de tu pueblo."

Hoy oramos pasando en medio de conflictos que nuestros pecados han fabricado y con arrepentimiento de corazón ubicados en el lugar apropiado, recibimos el misericordioso perdón de nuestro buen Padre celestial. La promesa es: "el que A MI VIENE, YO no le hecho fuera." Amen.

JUNIO 4

Salmo 103:1-5 "Bendice, alma mía, a Jehová, y bendiga todo mi ser su santo nombre. Bendice, alma mía, a Jehová, y no olvides ninguno de sus beneficios. Él es quien 'perdona' todas tus iniquidades, el que sana todas tus dolencias; el que rescata del hoyo tu vida, el que te corona de favores y misericordias; el que sacia de bien tu boca de modo que te rejuvenezcas como el águila."

Hoy alabamos y adoramos a un Dios maravilloso y bondadoso quien transfiere fuerza y dinámica que nos levanta a nuevas esferas de relación con él, nos rejuvenece como el águila perdonando toda iniquidad y pecado, rescatando y coronando con sus favores. Amen.

Aplicacion Personal

Peticiones

Respuestas

Verdades Biblicas

Aplicacion Personal

Peticiones

Respuestas

San Mateo 6:12-15 "Y perdónanos nuestras deudas, como nosotros perdonamos a nuestros deudores. Y no nos metas en tentación más líbranos del mal; porque tuyo es el reino, y el poder, y la gloria, por todos los siglos. Amén. <u>Porque si perdonáis a los hombres sus ofensas, os perdonará también a vosotros vuestro Padre celestial</u>; más si no perdonáis a los hombres sus ofensas, tampoco vuestro Padre os perdonará vuestras ofensas."

Hoy oramos abriendo nuestros ojos del entendimiento para ver que el perdón tiene una gran condición. Toda raíz de amargura y rencor debe ser removida. Estemos dispuestos a perdonar de corazón, así como ÉL nos perdonó a nosotros. Amen.

JUNIO 6

San Lucas 7:44-50 "Y vuelto a la mujer, dijo a Simón: ¿Ves esta mujer? Entré en tu casa, y no me diste agua para mis pies; más esta ha regado mis pies con lágrimas, y los ha enjugado con sus cabellos. No me diste beso; más ésta, desde que entré, no ha cesado de besar mis pies. No ungiste mi cabeza con aceite; más ésta ha ungido con perfume mis pies. Por lo cual te digo que sus muchos pecados le son 'perdonados' porque amó mucho."

¡Hoy oramos comprendiendo un poco mejor la medida del profundo amor a nuestro Dios y de nuestro Dios! Amen.

Aplicacion Personal

_____

_____

_____

_____

Peticiones

_____

_____

_____

_____

Respuestas

_____

_____

_____

_____

_____

_____

_____

_____

Aplicacion Personal

_____

_____

_____

_____

Peticiones

_____

_____

_____

_____

Respuestas

_____

_____

_____

_____

Salmo 130:1-4 "De lo profundo, oh Jehová, a ti clamo. Señor, oye mi voz; estén atentos tus oídos a la voz de mi súplica. Señor, si mirares a los pecados, ¿Quién, oh Señor, podrá mantenerse? Pero en ti hay perdón, para que seas reverenciado."

Hoy oramos y en nuestro clamor expresamos nuestra esperanza en nuestro Dios 'perdonador' que nos recibe como al hijo pródigo, tal como está. Y ofrecemos alabanzas, honra y honor ¡con gran reverencia! Amen.

JUNIO 8

San Marcos 3:28-30 "De cierto os digo que todos los pecados serán perdonados a los hijos de los hombres, y las blasfemias cualesquiera que sean; pero cualquiera que blasfeme contra el Espíritu Santo, no tiene jamás perdón, sino que es reo de juicio eterno. Porque ellos habían dicho: Tiene espíritu inmundo."

Hoy oramos con temor a Dios y con un gran respeto al Espíritu Santo, Tercera Persona de la bendita Trinidad, comprendiendo las palabras del Señor Jesús. Amen.

Aplicacion Personal

Peticiones

Respuestas

JUNIO 9

Verdades Biblicas

_____

_____

_____

_____

Aplicacion Personal

_____

_____

_____

_____

Peticiones

_____

_____

_____

_____

Respuestas

_____

_____

_____

_____

Salmo 78:36-38 "Pero le lisonjeaban con su boca, y con su lengua le mentían; pues sus corazones no eran rectos con él, ni estuvieron firmes en su pacto. Pero él, misericordioso, 'perdonaba' la maldad, y no los destruía; y apartó muchas veces su ira, y no despertó todo su enojo. Se acordó de que eran carne, soplo que va y no vuelve."

Hoy oramos examinando nuestros corazones, sabiendo que todos los días pecamos contra su santidad y pureza comprendiendo que la 'sangre' de Cristo ¡nos limpia de todo pecado! Amen.

192

JUNIO 10

Salmo 32:1-2 "Bienaventurado aquel cuya transgresión ha sido perdonada, y cubierto su pecado. Bienaventurado el hombre a quien Jehová no culpa de iniquidad, y en cuyo espíritu no hay engaño."

Hoy oramos gozándonos en la bienaventuranza del perdón, viviendo en la total libertad con que él nos ha hecho libres, sí, libres de toda condenación y de toda raíz engañosa. ¡Aleluya! Amen.

Aplicacion Personal

_____

_____

_____

_____

Peticiones

_____

_____

_____

_____

Respuestas

_____

_____

_____

_____

Aplicacion Personal

Peticiones

Respuestas

Salmo 32:5-7 "Mi pecado te declaré, y no encubrí mi iniquidad. Dije: Confesaré mis transgresiones a Jehová; *y tú perdonaste la maldad de mi pecado.* Por esto orará a ti todo santo en el tiempo que puedas ser hallado; ciertamente en la inundación de muchas aguas no llegarán éstas a él. Tu eres mi refugio; me guardarás de la angustia; con cánticos de liberación me rodearás."

Hoy oramos confiadamente sabiendo de la respuesta de misericordia, de gracia y del favor de nuestro misericordioso Dios y Padre de delicias, en perdonar todos nuestros pecados y llena nuestra boca con canciones de alabanza y gratitud. Amen.

JUNIO 12

San Marcos 11:23-26 "Porque de cierto os digo que cualquiera que dijere a este monte: Quítate y échate en la mar, y no dudare en su corazón, sino creyere que será hecho lo que dice, lo que diga le será hecho. Por tanto, os digo que todo lo que pidiereis orando, creed que lo recibiréis, y os vendrá. Y cuando estéis orando, perdonad, si tenéis algo contra alguno, para que también vuestro Padre que está en los cielos os perdone a vosotros vuestras ofensas. Porque si vosotros no perdonáis, tampoco vuestro Padre que está en los cielos os perdonará vuestras ofensas."

Hoy oramos disfrutando el poderoso alcance que tienen nuestras oraciones, y reconocemos las condiciones para la respuesta divina, perdonar como hemos sido perdonados por El. Amen.

Aplicacion Personal

Peticiones

Respuestas

Aplicacion Personal

San Lucas 6:37-38 "No juzguéis, y no seréis juzgados; no condenéis, y no seréis condenados. Dad, y se os dará; medida buena, apretada, remecida y rebosando darán en vuestro regazo; porque con la medida con que medís, os volverán a medir."

Hoy oramos pidiendo a Dios la fuerza para aplicar estos principios de bendición y prosperidad para todo aquel que cree. Amen.

Peticiones

Respuestas

JUNIO 14

Deuteronomio 21:7-8 "Perdona a tu pueblo Israel, al cual redimiste, oh Jehová; y no culpes de sangre inocente a tu pueblo Israel. Y la sangre les será perdonada. Y tu quitarás la culpa de la sangre inocente de en medio de ti, cuando hicieres lo recto ante los ojos de Jehová."

Hoy oramos parándonos en la brecha por aquellos que injustamente son condenados y castigados, declarando el consuelo del perdón de Dios en sus vidas. Amen.

Verdades Biblicas

_____
_____
_____
_____

Aplicacion Personal

_____
_____
_____
_____

Peticiones

_____
_____
_____
_____

Respuestas

_____
_____
_____
_____

Aplicacion Personal

Peticiones

Respuestas

Números 14:17-19 "Ahora, pues, yo te ruego que sea magnificado el poder del Señor, como lo hablaste diciendo: Jehová, tardo para la ira y grande en misericordia, que perdona la iniquidad y la rebelión ... perdona ahora la iniquidad de este pueblo según la grandeza de tu misericordia, y como has perdonado a este pueblo desde Egipto hasta aquí."

Hoy oramos trayendo a nuestra memoria el perdón otorgado a nosotros desde la salida de "nuestro Egipto" hasta hoy. ¡Aleluya! Amen.

JUNIO 16

Isaías 40:1-11 "Consolaos, consolaos, pueblo mío, dice vuestro Dios. Hablad al corazón; decidles a voces que su tiempo es ya cumplido, que su pecado es perdonado, que doble ha recibido de la mano de Jehová por todos sus pecados ... He aquí que Jehová el Señor vendrá con poder, y su brazo señoreará; he aquí que su recompensa viene con él, y su paga delante de su rostro. Como Pastor apacentará su rebaño; en su brazo llevará los corderos, y en su seno los llevará; pastoreará suavemente a las recién paridas."

Hoy oramos gozando del bálsamo de consuelo al oír su voz hablando a nuestro corazón con palabras poderosas de protección y cuidado personal. Amen.

Aplicacion Personal

Peticiones

Respuestas

199

Aplicacion Personal

Peticiones

Respuestas

2 Corintios 2:9-11 "Porque también para este fin os escribí, para tener la prueba de si vosotros sois obedientes en todo. Y al que vosotros perdonáis, yo también; porque también yo lo que he perdonado, si algo he perdonado, por vosotros lo he hecho en presencia de Cristo, para que Satanás no gane ventaja alguna sobre vosotros; pues no ignoramos sus maquinaciones."

Hoy oramos guardando la unidad y armonía en el Cuerpo de Cristo basada en el perdón. 'Comprendiendo que la falta de perdón es dar ocasión al enemigo de nuestras almas, quien asecha para destruir. Amen.

JUNIO 18

Salmo 86:5-7 "Porque tú, Señor, eres bueno y perdonador, y grande en misericordia para con todos los que te invocan. Escucha, oh Jehová, mi oración, y está atento a la voz de mis ruegos. En el día de la angustia te llamaré, porque tú me respondes."

Hoy oramos confiados en nuestro buen Padre celestial, que está atento a nuestro clamor, siempre con una respuesta consoladora, porque él es bueno y para siempre es su misericordia. ¡Invoquemos su nombre hoy con fe! Amen.

Aplicacion Personal

Peticiones

Respuestas

Verdades Biblicas

Aplicacion Personal

Peticiones

Respuestas

San Mateo 9:1-5 "Entonces, entrando Jesús en la barca, pasó al otro lado y vino a su ciudad. Y sucedió que le trajeron un paralítico, tendido sobre su cama; y al ver Jesús la fe de ellos dijo al paralítico: Ten ánimo, hijo; tus pecados te son perdonados ... ¿qué es más fácil, decir: Los pecados te son perdonados, o decir: ¡Levántate y anda?"

Hoy oramos reconociendo la autoridad de nuestro Señor Jesucristo para otorgar el más amplio perdón de todo pecado y ¡hacer milagros y maravillas! Amen.

JUNIO 20

Santiago 5:13-15 ¿"Está alguno enfermo
entre vosotros? Llame a los ancianos de
la iglesia, y oren por él, ungiéndole con
aceite en el nombre del Señor. Y la oración
de fe salvará al enfermo, y el Señor lo
levantará; y <u>si hubiere cometido pecados,
le serán perdonados.</u>"

*Hoy oramos comprendiendo la condición
indispensable para recibir sanidad; es la fe,
la confesión y el perdón. Amen.*

Verdades Biblicas

———————
———————
———————
———————
———————

Aplicacion Personal

———————
———————
———————
———————

Peticiones

———————
———————
———————
———————

Respuestas

———————
———————
———————
———————

Aplicacion Personal

Peticiones

Respuestas

1 Juan 2:10-12 "El que ama a su hermano, permanece en la luz, y en él no hay tropiezo. Pero el que aborrece a su hermano está en tinieblas, y anda en tinieblas, y no sabe a dónde va, porque las tinieblas le han segado los ojos. Os escribo a vosotros, hijitos, porque vuestros pecados os han sido perdonados por su nombre."

Hoy oramos pidiendo a Dios que nos llene con el fruto de su Santo Espíritu que comienza con el don del amor y damos gracias por el resultado del perdón. Amen.

JUNIO 22

1 Juan 1:8-10 "Si decimos que no tenemos pecado, nos engañamos a nosotros mismos, y la verdad no está en nosotros. Si confesamos nuestros pecados, él es fiel y justo para perdonar nuestros pecados, y limpiarnos de toda maldad. Si decimos que no hemos pecado, le hacemos a él mentiroso, y su palabra no está en nosotros."

Hoy y siempre oramos con una sincera confesión y con arrepentimiento verdadero, recibiendo el beneficio del completo perdón de nuestro Dios. Amen.

Aplicacion Personal

Peticiones

Respuestas

205

Aplicacion Personal

Peticiones

Respuestas

1 Juan 1:5-7 "Este es el mensaje que hemos oído de él, y os anunciamos: Dios es luz, y no hay ningunas tinieblas en él. Si decimos que tenemos comunión con él, y andamos en tinieblas, mentimos, y no practicamos la verdad. Pero si andamos en luz, como él está en luz, tenemos comunión unos con otros, **y la sangre de Jesucristo su Hijo nos limpia de todo pecado.**"

Hoy oramos experimentando la verdadera comunión con Dios y con nuestros hermanos sintiendo profundamente la limpieza que produce la bendita y virtuosa sangre de Jesucristo el Señor. Amen.

JUNIO 24

San Lucas 23:32-34 "Llevaban también con él a otros dos, que eran malhechores, para ser muertos. Y cuando llegaron al lugar llamado de la Calavera, le crucificaron allí, y a los malhechores, uno a la derecha y otro a la izquierda. Y Jesús decía: Padre, perdónalos, porque no saben lo que hacen."

Hoy oramos postrados en espíritu y en verdad adorando y expresando nuestra profunda gratitud por su búsqueda de perdón, misericordia y salvación por medio de su sacrificio ¡para todos nosotros! Amen.

Verdades Biblicas

Aplicacion Personal

Peticiones

Respuestas

JUNIO 25

_____

_____

_____

_____

Aplicacion Personal

_____

_____

_____

_____

Peticiones

_____

_____

_____

_____

Respuestas

_____

_____

_____

_____

San Lucas 17:3-5 "Mirad por vosotros mismos. Si tu hermano pecare contra ti, repréndele; si se arrepintiere, perdónale. Y si siete veces al día pecare contra ti, y siete veces al día volviere a ti, diciendo: Me arrepiento; PERDÓNALE. Dijeron los apóstoles al Señor: Auméntanos la fe."

Hoy oramos como los apóstoles frente a este mandamiento de Jesucristo, pidiendo que aumente nuestra fe. Amen.

JUNIO 26

Efesios 4:30-32 "Y no contristéis al Espíritu Santo de Dios, con el cual fuisteis sellados para el día de la redención. Quítese de vosotros toda amargura, enojo, ira, gritería y maledicencia, y toda malicia. Antes sed benignos unos con otros, misericordiosos, perdonándoos unos a otros, como Dios también os perdonó a vosotros en Cristo."

Hoy oramos impidiendo que el Espíritu de Dios se contriste en nosotros, librándonos de toda raíz de amargura, de gritos y de malos tratos. ¡Siendo buenos, benignos y misericordiosos! Amen.

Verdades Biblicas

_____

_____

_____

_____

Aplicacion Personal

_____

_____

_____

_____

Peticiones

_____

_____

_____

_____

Respuestas

_____

_____

_____

_____

_____

_____

_____

_____

_____

_____

_____

_____

_____

_____

_____

_____

_____

_____

_____

_____

_____

Colosenses 2:13-15 "Y a vosotros, estando muertos en pecados y en incircuncisión de vuestra carne, os dio vida juntamente con él, perdonándoos todos los pecados, y anulando el acta de los decretos que había contra nosotros, que nos era contraria, quitándola de en medio y clavándola en la cruz, y despojando a los principados y a las potestades, los exhibió públicamente, triunfando sobre ellos en la cruz."

Hoy oramos con cánticos de celebración y gran regocijo proclamando la gran victoria sobre el pecado y sobre todos nuestros acusadores y sus elaboradas actas escritas en nuestra contra. ¡Aleluya! Amen.

JUNIO 28

Isaías 55:6-7 "Buscad a Jehová mientras pueda ser hallado, llamadle en tanto que está cercano. Deje el impío su camino, y el hombre inicuo sus pensamientos, y vuélvase a Jehová, el cual tendrá de él misericordia, y al Dios nuestro, el cual será amplio en perdonar."

Hoy oramos reclamando el retorno a una poderosa predicación del evangelio que revela la verdad de la condición del hombre y la disposición amorosa de Dios en perdonar y restaurar y salvar. Amen.

Verdades Biblicas
_____
_____
_____
_____

Aplicacion Personal
_____
_____
_____
_____

Peticiones
_____
_____
_____
_____

Respuestas
_____
_____
_____
_____

_____

_____

_____

_____

Aplicacion Personal

_____

_____

_____

_____

Peticiones

_____

_____

_____

_____

Respuestas

_____

_____

_____

_____

Daniel 9:20-22 "Y aún estaba hablando y orando. Y confesando mi pecado y el pecado del pueblo y derramaba mi ruego delante de Jehová mi Dios por el monte santo de mi Dios; aún estaba hablando en oración, cuando el varón Gabriel, a quien había visto en visión al principio, volando con presteza, vino a mí como a la hora del sacrificio de la tarde. Y me hizo entender, y habló conmigo, diciendo: Daniel, ahora he salido para darte sabiduría y entendimiento."

Hoy oramos confesando y derramando nuestro corazón delante de nuestro Dios esperando visión y revelación, sabiduría y entendimiento para nuestros tan importantes tiempos proféticos en que estamos viviendo. Amen.

JUNIO 30

Daniel 9:18-19 "Inclina, oh Dios mío, tu oído, y oye; abre tus ojos, y mira nuestras desolaciones, y la ciudad sobre la cual es invocado tu nombre; porque elevamos nuestros ruegos ante ti no confiados en nuestras justicias, sino en tus muchas misericordias. Oye, Señor, oh Señor, perdona; presta oído, Señor, y hazlo; no tardes, por amor de ti mismo, Dios mío; porque tu nombre es invocado sobre tu ciudad y sobre tu pueblo."

Hoy oramos parándonos en la brecha con clamor y ruego por nuestra ciudad y por nuestra nación, declarando por fe un gran avivamiento primero en mí, en mi familia, en mi iglesia, en la ciudad y ¡en toda la tierra! Amen.

Aplicacion Personal

Peticiones

Respuestas

213

MES DE JULIO

JOYA DEL MES

"PACIENCIA"

Gálatas 5:22-26. "Mas el fruto del Espíritu es amor, gozo, paz, paciencia, benignidad, bondad, fe, mansedumbre, templanza; contra tales cosas no hay ley. Pero los que son de Cristo han crucificado la carne con sus pasiones y deseos. Si vivimos por el Espíritu, andemos por el Espíritu. No nos hagamos vanagloriosos, irritándonos unos a otros, envidiándonos unos a otros." Muchos abrigan el buen deseo de cambiar de carácter, no ser tan impulsivos, tan contestadores o gritones; resoluciones que hacemos en nuestros buenos esfuerzos para producir cambios que nos permitan ser mejores seres humanos, relacionarnos positivamente con nuestro cónyuge, con nuestros hijos, en nuestro trato diario con compañeros de trabajo, etc. etc. Pero nos frustramos al ver que en el momento menos pensado volvemos a lo mismo causando dolor y alejándonos cada vez más de alcanzar la meta que hemos deseado. Algunos impacientes creen que pueden conseguir lo que se proponen en manera instantánea y oran de esta manera: "Señor, dame paciencia, pero la quiero de inmediato, ¡ahora mismo Señor!"

Hay una buena noticia. Todos podemos gozar de una personalidad amable, bondadosa, benigna, templada, mansa y tener paciencia y mucha paz. ¿Cuál es la fórmula o la llave secreta para lograrlo? Por cierto, que no es producto de la carne ni mucho menos de nuestra resoluciones y buenos propósitos. La Palabra nos da la verdadera clave del éxito para lograr esa formación del carácter de Cristo: "Pero los que son de Cristo han crucificado la carne con sus pasiones y deseos."

No es el producido de nuestro 'yo' el tener paciencia, es fruto del Espíritu Santo que se desarrolla junto a todas las otras cualidades de una vida plena y satisfecha, y se obtiene, simplemente considerándonos muertos al pecado, tomando la cruz cada día, negándonos a nosotros mismos y llenándonos con el río de agua viva por medio del bautismo de Espíritu Santo, viviendo en su plenitud.

Aplicacion Personal

Peticiones

Respuestas

Hechos 26:1-3 "Entonces Agripa dijo a Pablo: Se te permite hablar por ti mismo. Pablo entonces, extendiendo la mano, comenzó así su defensa: Me tengo por dichoso, oh rey Agripa de que haya de defenderme hoy delante de ti de todas las cosas de que soy acusado por los judíos ... por lo cual te ruego que me oigas con PACIENCIA."

Hoy oramos pidiendo a Dios que encontremos oídos dispuestos a escucharnos con paciencia para oír con claridad al presentar la defensa del evangelio, como un mensaje de esperanza y salvación para vida eterna. Amen.

JULIO 2

ROMANOS 2:4 "O ¿menosprecias las riquezas de su benignidad, PACIENCIA, y longanimidad, ¿ignorando que su benignidad te guía a arrepentimiento?

Hoy oramos admirando y recibiendo el beneficio de la bondad y gran paciencia de nuestro Padre celestial con mucho aprecio, siendo guiados por su bondad y paciencia a una verdadera actitud de arrepentimiento. Amen.

Verdades Biblicas

_____

_____

_____

_____

Aplicacion Personal

_____

_____

_____

_____

Peticiones

_____

_____

_____

_____

Respuestas

_____

_____

_____

_____

Verdades Biblicas

_____

_____

_____

_____

Aplicacion Personal

_____

_____

_____

_____

Peticiones

_____

_____

_____

_____

Respuestas

_____

_____

_____

_____

ROMANOS 3:24-25 "Siendo justificados gratuitamente por su gracia, mediante la redención que es en Cristo Jesús, a quien Dios puso como propiciación por medio de la fe en su sangre, para manifestar sus justicias, a causa de haber pasado por alto, en su PACIENCIA, los pecados pasados."

Hoy oramos con profundo agradecimiento porque nuestra fe en la sangre expiatoria de Jesucristo evidencia la medida de su gracia y su gran paciencia para con nosotros los pecadores. Amen.

JULIO 4

ROMANOS 5:1-5 "Justificados, pues, por la fe, tenemos paz para con Dios por medio de nuestro Señor Jesucristo, por quien también tenemos entrada por la fe a esta gracia en la cual estamos firmes, y nos gloriamos en las tribulaciones, sabiendo que la tribulación produce PACIENCIA; y la paciencia prueba; y la prueba esperanza; y la esperanza no avergüenza."

Hoy oramos justificados delante de un Dios Santo y Justo, llenos de su paz recibida directamente del Príncipe de paz, no temerosos de las tribulaciones ni mucho menos afligidos por ellas, sabiendo que las mismas nos llenan de esperanza produciendo en nosotros la virtud de la paciencia en la cual ¡nos gloriamos! Amen.

Aplicacion Personal

Peticiones

Respuestas

219

Verdades Biblicas

_____
_____
_____
_____

Aplicacion Personal

_____
_____
_____
_____

Peticiones

_____
_____
_____
_____

Respuestas

_____
_____
_____
_____

ROMANOS 8:23-25 "Nosotros que tenemos las primicias del Espíritu, nosotros también gemimos dentro de nosotros mismos, esperando la adopción, la redención de nuestro cuerpo. Porque en esperanza fuimos salvos; pero la esperanza que se ve no es esperanza; porque lo que alguno ve ¿a qué esperarlo? Pero si esperamos lo que no vemos, con PACIENCIA lo aguardamos."

Hoy oramos alimentando la esperanza con mucha paciencia hasta la venida del Señor, disfrutando de las primicias del Espíritu. Amen.

JULIO 6

ROMANOS 15:3-4 "Porque ni aún Cristo se agradó a sí mismo; antes bien, como está escrito: Los vituperios de los que te vituperaban, cayeron sobre mí. Porque las cosas que se escribieron antes, para nuestra enseñanza se escribieron, a fin de que, por la PACIENCIA y consolación de las Escrituras, tengamos esperanza."

Hoy oramos pidiendo por hambre de la Escritura que nos enseña a través de nuestras pruebas y tribulaciones, a tener paciencia y ser consolados por ella. Amen.

Aplicacion Personal

Peticiones

Respuestas

221

_____

_____

_____

_____

Aplicacion Personal

_____

_____

_____

_____

Peticiones

_____

_____

_____

_____

Respuestas

_____

_____

_____

_____

ROMANOS 15:5-6 "Pero el Dios de la PACIENCIA y de la consolación os de entre vosotros un mismo sentir según Cristo Jesús, para que unánimes, a una voz, glorifiquéis al Dios y Padre de nuestro Señor Jesucristo."

Hoy oramos con alabanza y profunda gratitud a nuestro Dios por la demostración de su gran paciencia y el consuelo que produce en nosotros un mismo sentir, glorificándole a él a una voz, en completa unidad. Amen.

JULIO 8

2 CORINTIOS 6:3-10 "No dimos a nadie ocasión de tropiezo, para que nuestro ministerio sea vituperado, antes bien, nos recomendamos en todo como ministros de Dios, en mucha PACIENCIA, en tribulaciones, en necesidades ... en palabra de verdad, en poder de Dios, con armas de justicia ... como entristecidos, más siempre gozosos; como pobres, más enriqueciendo a muchos como no teniendo nada, más poseyéndolo todo."

Hoy oramos con un espíritu humilde y de dependencia del Espíritu Santo para ministrar pacientemente, cualquiera sea la circunstancia. Amen.

Aplicacion Personal

Peticiones

Respuestas

GÁLATAS 5:22-25 "Mas el fruto del Espíritu es amor, gozo, paz, PACIENCIA, benignidad, bondad, fe, mansedumbre, templanza; contra tales cosas no hay ley. Pero los que son de Cristo han crucificado a la carne con sus pasiones y deseos. Si vivimos por el Espíritu, andemos también por el Espíritu."

Hoy oramos pidiendo que una fresca unción de su Espíritu Santo produzca en nosotros el fruto en forma completa, y la carne encuentre su lugar en la cruz cada día. Amen.

JULIO 10

EFESIOS 4:1-3 "Yo pues, preso en el Señor, os ruego que andéis como es digno de la vocación con que fuisteis llamados, con toda humildad y mansedumbre, soportándoos con PACIENCIA los unos a los otros en amor, solícitos en guardar la unidad del Espíritu en el vínculo de la paz."

Hoy oramos teniendo revelación por medio del Espíritu de la necesidad de comprender que tenemos que soportarnos unos a otros con paciencia. Guardando así la unidad y la paz los unos con los otros. Amen.

Aplicacion Personal

Peticiones

Respuestas

225

_____

_____

_____

_____

Aplicacion Personal

_____

_____

_____

_____

Peticiones

_____

_____

_____

_____

Respuestas

_____

_____

_____

_____

_____

2 TESALONICENSES 1:3-4 "Debemos siempre dar gracias a Dios por vosotros, hermanos, como es digno, por cuanto vuestra fe va creciendo, y el amor de todos y cada uno de vosotros abunda para con los demás. Tanto, que nosotros mismos nos gloriamos de vosotros en las Iglesias de Dios, por vuestra PACIENCIA y fe en todas vuestras persecuciones y tribulaciones que soportáis."

Hoy oramos pidiendo a Dios que nos libre de murmuración y ponga en nosotros el reconocimiento de la obra de Dios en todas nuestras Iglesias en tiempos de prueba y dificultades, cuidando la unidad del Cuerpo del Señor Jesús, especialmente delante del mundo y de los enemigos de la cruz de Cristo. Amen.

JULIO 12

2 TESALONICENSES 3:4-5 "Y tenemos confianza respecto a vosotros en el Señor, en que hacéis y haréis lo que les hemos mandado. Y el Señor encamine vuestros corazones al amor de Dios, y a la PACIENCIA de Cristo."

Hoy oramos declarando que a los pastores se les ha transferida autoridad para indicar los trabajos a realizarse en la iglesia, moviéndose con amor y paciencia, siendo encaminados los corazones del pueblo de Dios al amor divino y a la paciencia de Jesucristo nuestro Señor. Amen.

Aplicacion Personal

Peticiones

Respuestas

227

_____

_____

_____

_____

Aplicacion Personal

_____

_____

_____

1 TIMOTEO 6:11-12 "Mas tú, oh hombre de Dios, huye de estas cosas, y sigue la justicia, la piedad, la fe, el amor, la PACIENCIA, la mansedumbre. Pelea la Buena batalla de la fe, echa mano de la vida eterna, a la cual a si mismo fuiste llamado."

Hoy oramos con disposición y decisión firme de huir de los deseos de la carne y seguir con paciencia y mansedumbre los pasos del Maestro, en fe y fidelidad. Amen.

Peticiones

_____

_____

_____

_____

Respuestas

_____

_____

_____

_____

JULIO 14

2 TIMOTEO 3:10-12 "Pero tú has seguido mi doctrina, conducta, propósito, fe, longanimidad, amor, PACIENCIA, persecuciones, padecimientos y de todas me ha librado el Señor. Y también todos los que quieren vivir piadosamente en Cristo Jesús padecerán persecución."

Hoy oramos reconociendo nuestra posición de peregrinos y extranjeros sin ser comprendidos por los que no conocen a Jesucristo como su Señor y Salvador sufriendo el desprecio y la incomprensión de ellos. Amen.

Aplicacion Personal

Peticiones

Respuestas

JULIO 15

Verdades Biblicas

_____

_____

_____

_____

Aplicacion Personal

_____

_____

_____

_____

Peticiones

_____

_____

_____

_____

Respuestas

_____

_____

_____

_____

2 TIMOTEO 4:1-3 "Te encarezco delante de Dios y del Señor Jesucristo, que juzgará a los vivos y a los muertos en su manifestación y en su reino, que prediques la palabra; que instes a tiempo y fuera de tiempo; redarguye, reprende, exhorta con toda PACIENCIA y doctrina. Porque vendrá tiempo cuando no sufrirán la sana doctrina."

Hoy oramos por el liderazgo de la iglesia para que tome la autoridad que le ha sido delegada para enseñar y exponer la sana doctrina, aunque se enfrente con aquéllos que no aguantan ni aceptan ni sufren la sana doctrina. Amen.

JULIO 16

HEBREOS 6:11-12 "Pero deseamos que cada uno de vosotros muestre la misma solicitud hasta el fin, para plena certeza de la esperanza, a fin de que no os hagáis perezosos, sino imitadores de aquéllos que por la fe y la PACIENCIA heredan las promesas."

Hoy oramos experimentando en nosotros el poder y la energía que produce la fe y la paciencia que derrota y vence y nos liberta de la ingrata pereza que nos quiere robar la herencia de los santos en luz. Amen.

Aplicacion Personal

Peticiones

Respuestas

231

Aplicacion Personal

Peticiones

Respuestas

HEBREOS 6:13-15 "Porque cuando Dios hizo la promesa a Abraham, no pudiendo jurar por otro mayor, juró por sí mismo, diciendo: De cierto te bendeciré con abundancia y te multiplicaré grandemente. Y habiendo esperado con PACIENCIA alcanzó la promesa."

Hoy oramos recibiendo comprensión e iluminación para entender la importancia de creer y tener paciencia para alcanzar las ciertísimas promesas de nuestro Dios. Amen.

JULIO 18

HEBREOS 10:35-36 "No perdáis,
pues, vuestra confianza, que tiene
grande galardón; porque os es necesaria
la PACIENCIA para que, habiendo
hecho la voluntad de Dios, obtengáis la
promesa."

*Hoy oramos para que sea satisfecha la
necesidad de tener paciencia, haciendo la
voluntad de Dios, en la confianza que Dios
siempre galardona. Amen.*

Verdades Biblicas

Aplicacion Personal

Peticiones

Respuestas

233

_____

_____

_____

_____

Aplicacion Personal

_____

_____

_____

_____

Peticiones

_____

_____

_____

_____

Respuestas

_____

_____

_____

_____

HEBREOS 12:1-2 "Por tanto, nosotros también, teniendo en derredor nuestra tan grande nube de testigos, despojémonos de todo peso y del pecado que nos asedia, y corramos con PACIENCIA la carrera que tenemos por delante, puestos los ojos en Jesús, el autor y consumador de la fe."

Hoy oramos siendo conscientes de tener una gran cantidad de testigos que han llegado a la meta, librándonos de pesos innecesarios y del pecado que nos asedia, ejerciendo el don de la paciencia con éxito. Amen.

JULIO 20

SANTIAGO 1:2-3 "Hermanos míos, tened por sumo gozo cuando os halléis en diversas pruebas, sabiendo que la prueba de vuestra fe produce PACIENCIA."

Hoy oramos, no en aflicción y angustia, ni en quejas ni lamentos, tomando la firme decisión de gozarnos ¡en medio de las pruebas de nuestra fe! Amen.

Aplicacion Personal

Peticiones

Respuestas

JULIO 21

Verdades Biblicas

_____

_____

_____

_____

Aplicacion Personal

_____

_____

_____

_____

Peticiones

_____

_____

_____

_____

Respuestas

_____

_____

_____

_____

SANTIAGO 1:4-5 "Mas tenga la PACIENCIA su obra completa, para que seáis perfectos y cabales, sin que os falte cosa alguna. Y si alguno de nosotros tiene falta de sabiduría, pídala a Dios, el cual da a todos abundantemente y sin reproche, y le será dada."

Hoy oramos pidiendo a Dios que la paciencia haga su obra completa en nosotros llegando a la estatura designada por él para nosotros. "Conformados a la imagen de su Hijo." Amen.

236

JULIO 22

SANTIAGO 5:7-8 "Por tanto, hermanos, tened PACIENCIA hasta la venida del Señor. Mirad como el labrador espera el precioso fruto de la tierra, aguardando con PACIENCIA hasta que reciba la lluvia temprana y tardía. Tened también vosotros PACIENCIA y afirmad vuestros corazones; porque la venida del Señor se acerca.

Hoy oramos con disposición a recibir en nuestras vidas, en nuestros hogares, en nuestros negocios, en nuestros empleos, en todo nuestro hacer, la lluvia temprana y tardía, cosechando buen fruto, mucho fruto, fruto en abundancia, fruto que permanece. San Juan 15. Amen.

Aplicacion Personal

Peticiones

Respuestas

237

Aplicacion Personal

Peticiones

Respuestas

SANTIAGO 5:9-10 "Hermanos, no os quejéis unos contra otros, para que no seáis condenados; he aquí, el juez está delante de la puerta. Hermanos míos, tomad como ejemplo de aflicción y de PACIENCIA a los profetas que hablaron en nombre del Señor."

Hoy oramos recibiendo la unción que quiebra todo yugo del enemigo construyendo en el nombre del Señor, con mucha paciencia, un ambiente de armonía y de bendición. Amen.

JULIO 24

SANTIAGO 5:11-13 "He aquí, tenemos por bienaventurado a los que sufren. Habéis oído de la PACIENCIA de Job, y habéis visto el fin del Señor, que el Señor es muy misericordioso y compasivo ... ¿Está alguno entre vosotros afligido? Haga oración. ¿Está alguno alegre? Cante alabanzas."

Hoy oramos pidiendo las fuerzas necesarias para no quejarnos, recibiendo el beneficio de ser pacientes y cambiar nuestro lamento en alabanza, nuestra tristeza en risa. Amen.

Verdades Biblicas

_____
_____
_____
_____

Aplicacion Personal

_____
_____
_____
_____

Peticiones

_____
_____
_____
_____

Respuestas

_____
_____
_____
_____

_____

_____

_____

_____

Aplicacion Personal

_____

_____

_____

_____

Peticiones

_____

_____

_____

_____

Respuestas

_____

_____

_____

_____

1 SAN PEDRO 3:20 "Los que en otro tiempo desobedecieron, cuando una vez esperaba la PACIENCIA de Dios en los días de Noé, mientras se preparaba el arca, en la cual pocas personas, es decir, ocho, fueron salvas por agua."

Hoy oramos reconociendo que no hay una paciencia más profunda y extendida que la paciencia que tiene nuestro buen Padre celestial con una generación rebelde y obstinada. Amen.

JULIO 26

2 SAN PEDRO 1:5-8 "Vosotros también, poniendo toda diligencia por esto mismo, añadid a vuestra fe virtud. A la virtud, conocimiento; al conocimiento, dominio propio; al dominio propio, PACIENCIA; a la PACIENCIA, piedad; a la piedad, afecto fraternal; y al afecto fraternal, amor. Porque si estas cosas están en vosotros, y abundan, no os dejarán estar ociosos ni sin fruto en cuanto al conocimiento de nuestro Señor Jesucristo."

Hoy oramos clamando al Señor por fuerzas y energía para producir en nosotros estas virtudes que provienen de la gloriosa persona de la Trinidad, el Espíritu Santo. Amen.

Verdades Biblicas

Aplicacion Personal

Peticiones

Respuestas

241

_____
_____
_____
_____

Aplicacion Personal

_____
_____
_____
_____

Peticiones

_____
_____
_____
_____

Respuestas

_____
_____
_____
_____

2 SAN PEDRO 3:8-9 "Mas, oh amados, no ignoréis esto: que para con el Señor un día es como mil años, y mil años como un día. El Señor no tarda su promesa, según algunos la tienen por tardanza, sino que es PACIENTE con nosotros, no queriendo que ninguno perezca, sino que todos procedan al arrepentimiento."

Hoy oramos levantando nuestros ojos y alabando a nuestro Señor y Salvador por su paciencia, demostrada hoy como en los días de Noé, esperando que todos sean salvos. Amen.

JULIO 28

SAN PEDRO 3:15-16 "Y tened entendido que la PACIENCIA de nuestro Señor es para salvación; como también nuestro amado hermano Pablo, según la sabiduría que le ha sido dada, os ha escrito, casi en todas sus epístolas, hablan en ellas de estas cosas."

Hoy oramos pidiendo al Señor un corazón compasivo y dispuesto a esperar a aquéllos que les llevamos el mensaje de salvación, aún cuando no escuchen ni quieran oír, nosotros con paciencia y amor seguiremos esperando el resultado de la Buena semilla sembrada en sus corazones. Amen.

Aplicacion Personal

Peticiones

Respuestas

243

JULIO 29

Verdades Biblicas

_____
_____
_____
_____

Aplicacion Personal

_____
_____
_____
_____

Peticiones

_____
_____
_____
_____

Respuestas

_____
_____
_____
_____

APOCALIPSIS 2:2-3 "Yo conozco tus obras, y tu arduo trabajo y PACIENCIA; y que no puedes soportar a los malos, y has probado a los que dicen ser apóstoles, y no lo son, y los has hallado mentirosos; y has sufrido, y has tenido PACIENCIA, y has trabajado arduamente por amor de mi nombre, y no has desmayado."

Hoy oramos sabiendo dentro de nosotros mismos que el trabajo hecho con paciencia y fe en obediencia a la voluntad de Dios, trae discernimiento y valor para soportar y sufrir por amor al glorioso nombre que es sobre todo nombre el nombre de Jesucristo, nuestro Señor y Salvador, Rey de reyes y Señor de señores. Amen.

JULIO 30

SALMO 40:1-3 "PACIENTEMENTE esperé a Jehová, y se inclinó a mí, y oyó mi clamor. Y me hizo sacar del pozo de la desesperación, del lodo cenagoso; puso mis pies sobre la peña, y enderezó mis pasos. Puso luego en mi boca cántico Nuevo, alabanza a nuestro Dios. Verán esto muchos, y temerán, y confiarán en Jehová."

Hoy oramos reconociendo el gran valor y los buenos resultados que tenemos cuando pacientemente esperamos en nuestro Dios. Tenemos testimonios de su gran amor y grande salvación esto lo verán muchos y confiarán ellos también recibiendo la vida eterna. Amen.

Aplicacion Personal

Peticiones

Respuestas

245

_____

_____

_____

_____

Aplicacion Personal

_____

_____

_____

_____

Peticiones

_____

_____

_____

_____

Respuestas

_____

_____

_____

_____

APOCALIPSIS 3:10-11 "Por cuanto has guardado la palabra de mi PACIENCIA, yo también te guardaré de la hora de la prueba que ha de venir sobre el mundo entero, para probar a los que moran sobre la tierra. He aquí, yo vengo pronto; retén lo que tienes, para que ninguno tome tu corona."

Hoy oramos terminando el mes confesando recibir la aprobación de Dios por guardar la palabra de su paciencia teniendo por resultado el ser guardado de la prueba que se acerca a todo el mundo. "HE AQUÍ, YO VENGO PRONTO." Amen.

MES DE AGOSTO

JOYA DEL MES

"FIDELIDAD"

"El Señor es DIOS FIEL que guarda el pacto y la misericordia para con los que le aman y guardan sus mandamientos, hasta mil generaciones." Deuteronomio 7:9. La FIDELIDAD es una noción que a su nivel más abstracto implica una conexión verdadera con una fuente o fuentes. Su significado está vinculado a la lealtad de una persona con un señor o un rey y la atención al deber. La palabra fidelidad deriva de la palabra fidelistas (latín) y su significado es servir a un dios. O en el concepto bíblico, servir a Dios. FIDELIDAD: La fidelidad es la capacidad espiritual, el poder o la virtud de dar cumplimiento a las promesas. Prometer es una acción soberana; revela una gran soberanía de espíritu, ya que exige decidir hoy lo que se va a hacer en adelante, bajo condiciones que no se pueden prever. El que promete corre un serio riesgo porque se compromete a actuar de la forma que hoy juzga optima en situaciones que pueden llevarle a pensar y sentir de modo distinto. El que es FIEL cumple la promesa a pesar de los cambios en las ideas, las convicciones y los sentimientos que pudieran provocar el paso del tiempo.

El que promete se adelanta al tiempo de modo lúcido y libre. El que cumple fielmente lo prometido lo hace voluntariamente. ¿Qué es lo que mueve su voluntad a mantenerse fiel? Es la decisión de crear su vida en cada instante conforme al proyecto establecido en el acto de la promesa. La fidelidad, por tanto, es una actitud creativa, no se reduce al mero aguante, al hecho de soportar algo de forma inconsciente.

También se puede decir que la fidelidad es la capacidad de no engañar, no traicionar a los demás. Es un valor moral que faculta al ser humano para cumplir con los pactos y compromisos adquiridos.

---

2 REYES 22:3-7 "A los 18 años del rey Josías, envió el rey a Safán, escriba, a la casa de Jehová, diciendo: Ve al sumo sacerdote Hilcías, y dile que recoja el dinero que han traído a la casa de Jehová ... y que no se les tome en cuenta del dinero cuyo manejo se les confiare, porque ellos proceden con honradez."

Hoy oramos dando gracias a Dios por hombres y mujeres fieles en ministerios de finanzas que con honradez sirven inspirando la confianza en el cuerpo de Cristo. Amen.

AGOSTO 2

2 CRÓNICAS 34:3-7 "A los ocho años de su reinado, siendo aún muchacho, comenzó a buscar al Dios de David su padre; a los doce años comenzó a limpiar a Judá y a Jerusalén de los lugares altos, imágenes de Acera, las esculturas y estatuas fundidas. Y derribaron delante de él los altares de los bales, e hizo pedazos las imágenes de Acera ... y esparció el polvo sobre los sepulcros de los que le habían ofrecido sacrificios."

Hoy oramos confesando el pecado de idolatría que ha cubierto de maldición y de desgracia, miseria y pobreza a nuestros pueblos, y que penetra aún en la vida de la iglesia. Buscamos a Josías que es un ejemplo real de fidelidad a Dios. Amen.

Aplicacion Personal

Peticiones

Respuestas

Verdades Biblicas

_____
_____
_____
_____

Aplicacion Personal

_____
_____
_____
_____

Peticiones

_____
_____
_____
_____

Respuestas

_____
_____
_____
_____

LAMENTACIONES 3:22-23 "Por la misericordia de Jehová no hemos sido consumidos, porque nunca decayeron sus misericordias. Nuevas son cada mañana: GRANDE ES TU FIDELIDAD."

Hoy oramos con profundo agradecimiento y absoluta confianza por la demostración diaria y permanente de la fidelidad de nuestro Dios. DIOS ES FIEL. Amen.

AGOSTO 4

NÚMEROS 12:7-8 "Y él les dijo: Oíd ahora mis palabras. Cuando haya entre vosotros palabra de Jehová, le apareceré en visión, en sueños hablaré con él. No así con mi siervo Moisés, que es FIEL en toda mi casa. Cara a cara hablaré con él, y claramente, y no por figuras, y verá la apariencia de Dios."

Aplicacion Personal

Hoy oramos buscando intensa y fielmente la aprobación de nuestro Dios, como el gran siervo de Dios Moisés, siendo reconocido y declarado por Dios mismo como FIEL en toda su casa. Amen.

Peticiones

Respuestas

251

Verdades Biblicas

_____
_____
_____
_____
_____

Aplicacion Personal

_____
_____
_____
_____

Peticiones

_____
_____
_____
_____

Respuestas

_____
_____
_____
_____

DEUTERONOMIO 7:9 "Conoce, pues, que Jehová tu Dios es Dios, DIOS FIEL, que guarda el pacto y la misericordia a los que le aman y guardan sus mandamientos, hasta mil generaciones."

Hoy oramos con un muy pequeño conocimiento de la grandeza y fidelidad de nuestro Dios; Dios, es Dios, hace lo que dice, cumple lo que promete. Rogamos que el Espíritu Santo imparta en nosotros mayor conocimiento a través de las Escrituras y por experiencias personales, propias, lo extraordinario y sublime de su fidelidad. Amen.

AGOSTO 6

NEHEMÍAS 9:7-8 "Tú eres, oh Jehová, el Dios que escogiste a Abram, y lo sacaste de Ur de los caldeos, y le pusiste el nombre Abraham; y hallaste FIEL su corazón delante de ti, e hiciste pacto con él … y cumpliste tu palabra, porque eres justo."

Hoy oramos agradecidos a nuestro Dios porque, así como a Abraham, nos escogisteis en Cristo Jesús, y cambiaste nuestro nombre, deseamos ser hallados fieles a ti como lo fue él. Amen.

Aplicacion Personal

Peticiones

Respuestas

AGOSTO 7

Verdades Biblicas

———————
———————
———————
———————

Aplicacion Personal

———————
———————
———————
———————

Peticiones

———————
———————
———————
———————

Respuestas

———————
———————
———————
———————

SALMO 19:7-10 "La ley de Jehová es perfecta, que convierte el alma; el testimonio de Jehová es FIEL, que hace sabio al sencillo. Los mandamientos de Jehová son rectos, que alegran el corazón ... Deseables son más que el oro, y más que mucho oro afinado; y dulce más que miel, y que la que destila el panal."

Hoy oramos dando expresivas gracias a nuestro Dios por la veracidad y fidelidad de su Palabra, que de verdad merece nuestra meditación en ella ¡y completa obediencia! Amen.

AGOSTO 8

PROVERBIOS 11:12-13 "El que carece de entendimiento menosprecia a su prójimo; más el hombre prudente calla. El que anda en chismes descubre el secreto; más el de espíritu FIEL lo guarda todo."

Hoy oramos pidiendo a nuestro Dios entendimiento y sabiduría de lo alto, nunca contaminados con la chismería, sino teniendo un espíritu fiel de amistad sincera y verdadera lealtad con el prójimo. Amen.

Aplicacion Personal

_____

_____

_____

_____

Peticiones

_____

_____

_____

_____

Respuestas

_____

_____

_____

_____

255

Verdades Biblicas

_____
_____
_____
_____

Aplicacion Personal

_____
_____
_____
_____

Peticiones

_____
_____
_____
_____

Respuestas

_____
_____
_____
_____

ISAÍAS 1:26-27 "Restauraré tus jueces como al principio, y tus consejeros como eran antes; entonces te llamarán Ciudad de justicia, Ciudad FIEL. Sion será rescatada con juicio, y los convertidos de ella con justicia."

Hoy oramos pidiendo que La Ciudad Fiel, su Iglesia, (La Nueva Jerusalén) sea reconocida por los pueblos y naciones, y principalmente, por nuestro Dios como una ciudad fiel y justa. Amen.

DANIEL 6:3-4 "Pero Daniel mismo era superior a estos sátrapas y gobernadores, porque había en él un espíritu superior. Entonces los gobernadores y sátrapas buscaban ocasión para acusar a Daniel en lo relacionado al reino; más no podían hallar ocasión alguna o falta, porque él era FIEL, y ningún vicio ni falta fue hallada en él."

Hoy oramos con ayuno y clamor por fortaleza y poder, bautizados con el Espíritu Santo para ser nosotros hallados fieles, y así como Daniel, poder tapar la boca de los enemigos de Dios. Amen.

Aplicacion Personal

Peticiones

Respuestas

_____

_____

_____

_____

Aplicacion Personal

_____

_____

_____

_____

Peticiones

_____

_____

_____

_____

Respuestas

_____

_____

_____

_____

_____

SAN MATEO 24:45-47 "Quién es, pues, el siervo FIEL, y prudente, ¿el cual puso su señor sobre su casa para que dé el alimento a tiempo? Bienaventurado aquel siervo al cual, cuando su señor venga, lo halle haciendo así. De cierto os digo que sobre todos sus bienes lo pondrá."

Hoy oramos intercediendo por nuestros pastores y todos los ministros de Dios para que sean hallados fieles en su trabajo de alimentar al pueblo de Dios. ¡Habrá una gran recompensa para ellos!! Amen.

AGOSTO 12

SAN MATEO 25:15-30 "A uno, dio cinco talentos, y a otro dos, y a otro uno, a cada uno conforme a su capacidad; y luego se fue lejos. Y el que había recibido cinco talentos fue y negoció con ellos, y ganó otros cinco … Y su señor le dijo: Bien, buen siervo y FIEL; sobre poco has sido fiel, sobre mucho te pondre entra en el gozo de tu señor."

Hoy oramos por cada miembro del Cuerpo de Cristo, pues todos tenemos compromisos de fidelidad y la impresionante oportunidad de una ¡gran recompensa! Amen.

Aplicacion Personal

Peticiones

Respuestas

AGOSTO 13

Verdades Biblicas

_____
_____
_____
_____

Aplicacion Personal

_____
_____
_____
_____

Peticiones

_____
_____
_____
_____

Respuestas

_____
_____
_____
_____

SAN LUCAS 16:10-13 "El que es FIEL en lo poco, también en lo más es FIEL; y el que en lo muy poco es injusto, también en lo más es injusto … y si en lo ajeno no fuisteis fieles, ¿quién os dará lo que es vuestro? Ningún siervo puede servir a dos señores; porque o aborrecerá a uno y amará al otro; o estimará a uno y menospreciará al otro. No podéis servir a Dios y a las riquezas."

Hoy oramos pidiendo a nuestro Dios que nos dé un espíritu fiel para no tener y andar en 'dobleces' en nuestro servicio. Amen.

260

AGOSTO 14

SAN LUCAS 19:16-17 "Vino el primero, diciendo: tu mina ha ganado diez minas. Él le dijo: Está bien, buen siervo; por cuanto en lo poco has sido FIEL, tendrás autoridad sobre diez ciudades.'

Hoy oramos a nuestro Dios pidiendo que nos dé la capacidad y energías para trabajar siendo fieles a cumplir con nuestra responsabilidad en el reino de Dios. Amen.

Aplicacion Personal

Peticiones

Respuestas

261

Verdades Biblicas

_____
_____
_____
_____

Aplicacion Personal

_____
_____
_____
_____

Peticiones

_____
_____
_____
_____

Respuestas

_____
_____
_____
_____

HECHOS 15:14-15 "Entonces una mujer llamada Lidia, vendedora de púrpura, de la ciudad de Tiratira, que adoraba a Dios, estaba oyendo; y el Señor abrió el corazón de ella para que estuviese atenta a lo que Pablo decía. Y cuando fue bautizada, y su familia, nos rogó diciendo: Si habéis juzgado que yo sea FIEL al Señor, entrad en mi casa, y posad. Y nos obligó a quedarnos."

Hoy oramos con regocijo en nuestros corazones dando gracias a Dios por mujeres como Lidia, que con gran humildad dan testimonio de su fidelidad al Señor y demuestran su gran amor y buena disposición en servir a los siervos de Dios y al pueblo del Señor. Amen.

AGOSTO 16

1 CORINTIOS 4:1-2 "Así, pues, téngannos los hombres por servidores de Cristo, y administradores de los misterios de Dios. Ahora bien, se requiere de los administradores, que cada uno sea hallado FIEL."

Hoy oramos con sometimiento a las condiciones impuestas por la Palabra de Dios para servir en algún ministerio, mostrando un espíritu fiel e íntegro. Amen.

Aplicacion Personal

Peticiones

Respuestas

263

Verdades Biblicas

_____

_____

_____

_____

Aplicacion Personal

_____

_____

_____

_____

Peticiones

_____

_____

_____

_____

Respuestas

_____

_____

_____

_____

1 CORINTIOS 4:15-17 "Porque, aunque tengáis diez mil ayos en Cristo, no tendréis muchos padres; pues en Cristo Jesús yo os engendré por medio del evangelio. Por tanto, os ruego que me imitéis. Por esto mismo os he enviado a Timoteo, que es mi hijo amado y FIEL en el Señor, el cual os recordará mi proceder en Cristo, de la manera que enseño en todas partes y en todas las Iglesias."

Hoy oramos reconociendo a nuestros padres espirituales y siguiendo e imitando su ejemplo y fidelidad. Amen.

AGOSTO 18

1 CORINTIOS 10:13-14 "No os ha sobrevenido ninguna tentación que no sea humana; pero FIEL ES DIOS, que no os dejará ser tentados más de lo que podéis resistir, sino que dará también juntamente con la tentación la salida para que podáis soportar. Por tanto, amados míos, huid de la idolatría."

Hoy oramos enfocándonos en la fidelidad de nuestro Padre Dios que no nos abandona a nuestra suerte, sino que provee una puerta de escape a toda tentación que se aparezca a lo largo de todo nuestro camino. Amen.

Aplicacion Personal

Peticiones

Respuestas

_____

_____

_____

_____

_____

_____

_____

_____

_____

_____

_____

_____

_____

_____

_____

_____

2 CORINTIOS 1:18-20 "Más, como DIOS ES FIEL, nuestra palabra a vosotros no fue Sí y No. Porque el Hijo de Dios, que entre vosotros ha sido predicado por nosotros, por mí, Silvano y Timoteo, no ha sido Sí y No; más ha sido Sí en él; porque todas las promesas de Dios son en él Sí, y en él Amén, por medio de nosotros, para la Gloria de Dios."

Hoy oramos recibiendo la claridad de un mensaje que define sin ningún tipo de confusión la verdad del evangelio de Jesucristo que nos hace herederos de las grandes promesas de nuestro fidedigno Dios y Señoreador de toda la tierra. Amen.

AGOSTO 20

EFESIOS 6:21-22 "Para que también vosotros sepáis mis asuntos, y lo que hago, todo os lo hará saber Tíquico, hermano amado y FIEL ministro en el Señor, el cual envié a vosotros para esto mismo, para que sepáis lo tocante a nosotros, y que consuele vuestros corazones."

Hoy oramos dando buen crédito a testimonios e informes que proceden de hombres y mujeres de confianza y que son conocidos por su fidelidad y veracidad. Amen.

Aplicacion Personal

Peticiones

Respuestas

267

Aplicacion Personal

Peticiones

Respuestas

COLOSENSES 1:3-7 "Siempre orando por vosotros, damos gracias a Dios, Padre de nuestro Señor Jesucristo, habiendo oído de vuestra fe en Cristo Jesús, y del amor que tenéis a todos los santos ... como lo habéis aprendido de Epafras, nuestro consiervo amado, que es un FIEL ministro de Cristo para vosotros, quién también nos ha declarado vuestro amor en el Espíritu."

Hoy oramos por aquéllos que son maestros ungidos por el Espíritu Santo, que enseñan transando bien la Palabra de Dios formando discípulos con firmes fundamentos que dan solidez y estabilidad al Cuerpo de Cristo. Amen.

AGOSTO 22

1 TESALONICENSES 5:23-24 "Y el mismo Dios de paz os santifique por completo; y todo vuestro ser, espíritu, alma y cuerpo, sea guardado irreprensible para la venida de nuestro Señor Jesucristo. FIEL es el que os llama, el cual también lo hará."

Hoy oramos preparándonos y estando a la expectativa de la inminente venida de nuestro Señor Jesucristo confiando de ser encontrados por él en santidad y fidelidad. Amen.

Verdades Biblicas

_____
_____
_____
_____

Aplicacion Personal

_____
_____
_____
_____

Peticiones

_____
_____
_____
_____

Respuestas

_____
_____
_____
_____

_____

_____

_____

_____

Aplicacion Personal

_____

_____

_____

_____

Peticiones

_____

_____

_____

_____

Respuestas

_____

_____

_____

_____

2 TESALONICENSES 3:1-3 "Por lo demás, hermanos, orad por nosotros, para que la Palabra del Señor corra y sea glorificada, así como lo fue entre vosotros, y para que seamos librados de hombres perversos y malos; porque no es de toda la fe. Pero FIEL es el Señor que os afirmará y os guardará del mal."

Hoy oramos pidiendo ser librados de hombres perversos y falsos maestros que tergiversan la Palabra, acomodándola a sus perversos fines; y, por el contrario, pedimos hoy con más insistencia y clamor que corra esa bendita y ponderosa Palabra de vida y esperanza por toda la tierra. Amen.

AGOSTO 24

1 TIMOTEO 1:15-17 "Palabra FIEL y digna de ser recibida de todos; que Cristo Jesús vino al mundo para salvar a los pecadores, de los cuales yo soy el primero ... Por tanto, el; Rey de los siglos, inmortal, invisible, al único y sabio Dios, sea honor y gloria por los siglos de los siglos. Amén"

Hoy oramos alabando con todas las fuerzas de nuestro ser por la Palabra fiel y digna que ha sido enviada desde el mismo trono de Dios para salvación, perdón y vida eterna a ¡todo aquel que cree! Amen.

Aplicacion Personal

Peticiones

Respuestas

271

_____

_____

_____

_____

_____

_____

_____

_____

_____

_____

_____

_____

_____

_____

_____

_____

1 TIMOTEO 3:12 "Palabra FIEL: Si alguno anhela obispado, buena obra desea. Pero es necesario que el Obispo sea irreprensible, marido de una sola mujer, sobrio, prudente, decoroso, hospedador, apto para enseñar; no dado a vino, no pendenciero, no codicioso de ganancia deshonesta, sino amable, apacible, no avaro; que gobierne bien su casa, que tenga a sus hijos en sujeción con toda honestidad."

Hoy oramos pidiendo que Dios levante por su Santo Espíritu a hombres con corazones fieles para sobre ver a los que, trabajando con la dignidad y honor de Ancianos, Pastores, Obispos que aman y cuidan al pueblo del Señor. Amen.

AGOSTO 26

2 TIMOTEO 2:11-13 "Palabra FIEL es esta: Si somos muertos con él, también viviremos con él; si sufrimos, también reinaremos con él; si le negáramos, él también nos negará. Si fuéremos infieles, él permanece FIEL; él no puede negarse a sí mismo. "

Hoy oramos dependiendo totalmente de la fidelidad expresada con amor y gracia de nuestro Padre celestial para nosotros en su Palabra. Amen.

Aplicacion Personal

Peticiones

Respuestas

273

AGOSTO 27

Verdades Biblicas

_____

_____

_____

_____

Aplicacion Personal

_____

_____

_____

_____

Peticiones

_____

_____

_____

_____

Respuestas

_____

_____

_____

_____

HEBREOS 2:16-18 "Porque ciertamente no socorrió a los ángeles, sino a la descendencia de Abraham. Por lo cual debía ser en todo semejante a sus hermanos, para venir a ser misericordioso y FIEL sumo Sacerdote en lo que ha Dios se refiere, para expiar los pecados del pueblo. Pues en cuanto él mismo padeció siendo tentado, es poderoso para socorrer a los que son tentados.

Hoy oramos agradecidos al Señor Jesucristo, nuestro Dios, que se ofreció a padecer tentación para socorrernos a nosotros en nuestro caminar en la tentación. Amen.

274

AGOSTO 28

HEBREOS 3:1-2 "Por lo tanto, hermanos santos, participantes del llamamiento celestial, considerad al Apóstol y Sumo Sacerdote de nuestra profesión, Cristo Jesús; el cual es FIEL al que lo constituyó. Como también lo fue Moisés en toda la casa de Dios."

Aplicacion Personal

Hoy oramos considerando a la gloriosa y perfecta persona de Jesús, que por su fidelidad sobrepasó a todos los hombres, satisfaciendo toda demanda y toda justicia divina, alcanzando así para nosotros, todos los seres humanos la posibilidad de ser salvos para vida eterna. Amen.

Peticiones

Respuestas

275

AGOSTO 29

Verdades Biblicas

—————————
—————————
—————————
—————————

Aplicacion Personal

—————————
—————————
—————————
—————————

Peticiones

—————————
—————————
—————————
—————————

Respuestas

—————————
—————————
—————————
—————————

HEBREOS 10:23-25 "Mantengamos firmes, sin fluctuar, la profesión de nuestra esperanza, porque FIEL es el que prometió. Y considerémonos unos a otros para estimularnos al amor y a las buenas obras; no dejando de congregarnos, como algunos tienen por costumbre, sino exhortándonos, y tanto más, cuando veis que aquel día se acerca."

Hoy oramos clamando a nuestro Dios por la necesidad y urgencia de mantenernos en comunión, reuniéndonos constantemente librándonos de las malas costumbres y estimulándonos al amor, ¡tanto más cuando vemos que AQUEL DIA se acerca! Amen.

AGOSTO 30

1 SAN JUAN 1:8-9 "Si decimos que no tenemos pecado, nos engañamos a nosotros mismos, y la verdad no está en nosotros. Si confesamos nuestros pecados, él es FIEL y justo para perdonar nuestros pecados, y limpiarnos de toda maldad."

Hoy oramos confesando diariamente todos nuestros pecados en la absoluta confianza en su fidelidad para recibir completa limpieza y total perdón. ¡Aleluya! Amen.

Aplicacion Personal

Peticiones

Respuestas

Verdades Biblicas

_____

_____

_____

_____

Aplicacion Personal

_____

_____

_____

_____

Peticiones

_____

_____

_____

_____

Respuestas

_____

_____

_____

_____

APOCALIPSIS 19:11-16 "Entonces vi el cielo abierto; y he aquí un caballo blanco, y el que lo montaba se llama FIEL Y VERDADERO, y con justicia juzga y pelea. Sus ojos eran como llama de fuego, y había en su cabeza muchas diademas; y tenía un nombre escrito que ninguno conocía sino él mismo. Estaba vestido de una ropa teñida de sangre; y su nombre es: EL VERBO DE DIOS."

Hoy oramos recibiendo una visión magnifica de nuestro glorioso e incomparable Señor de señores, y Rey de reyes. Hay un cielo abierto para nosotros y allí podemos ver al que gana todas nuestras batallas y nos postramos ante la inexplicable belleza y grandeza de nuestro Salvador y Señor Jesucristo. ¡Aleluya! Amen.

JOYA DEL MES

"PROTECCIÓN DIVINA"

Seguridad que viene de Dios.

"Alzaré mis ojos a los montes; ¿de dónde vendrá mi socorro? Mi socorro viene de Jehová, que hizo los cielos y la tierra.

No dará tu pie al resbaladero, ni se dormirá el que te guarda.

He aquí, no se adormecerá el que guarda a Israel. Jehová es tu guardador; Jehová es tu sombra a tu mano derecha.

El sol no te fatigará de día, ni la luna de noche.

Jehová te guardará de todo mal; el guardará tu salida y tu entrada desde ahora y para siempre." Salmo 121.

Verdades Biblicas

_____

_____

_____

_____

Aplicacion Personal

_____

_____

_____

_____

Peticiones

_____

_____

_____

_____

Respuestas

_____

_____

_____

_____

SALMO 3:3-5 "Mas tú, oh Jehová, eres 'escudo' alrededor de mí; mi gloria, y el que levanta mi cabeza. Con voz clamé a Jehová, y él me respondió desde el monte santo. Selah. Yo me acosté y dormí, y desperté porque Jehová me sustentaba."

Hoy oramos agradeciendo a nuestro buen Padre celestial por la confianza que nos inspira su protección, y por asegurarnos un sueño apacible y reparador. Amen.

SEPTIEMBRE 2

SALMO 9:9-10 "Jehová será 'refugio' del pobre, 'refugio' para el tiempo de angustia. En ti confiarán los que conocen tu nombre, por cuanto tú, oh Jehová, no desamparaste a los que te buscaron."

Hoy oramos pasando en medio de alguna tormenta, refugiándonos en este día de angustia en Aquel que conocemos por su nombre, y que sabemos que nunca nos abandonará y mucho menos en el día de tormenta. Amen.

Verdades Biblicas

_____
_____
_____
_____

Aplicacion Personal

_____
_____
_____
_____

Peticiones

_____
_____
_____
_____

Respuestas

_____
_____
_____
_____

SEPTIEMBRE 3

Verdades Biblicas

_____
_____
_____
_____

Aplicacion Personal

_____
_____
_____
_____

Peticiones

_____
_____
_____
_____

Respuestas

_____
_____
_____
_____

SALMO 5:11-12 "Pero alégrense todos los que en ti confían; den voces de júbilo para siempre, porque tú los defiendes; en ti se regocijen los que conocen tu nombre. Porque tú, oh Jehová bendecirás al justo; como con un 'escudo' lo rodearás de tu favor."

Hoy oramos con celebración y cánticos de alabanza; con expresiones de alegría y gran gozo; no solo porque conocemos su nombre, sino amando y reverenciando su nombre, recibiendo bendición y rodeados con el escudo de su favor. Amen.

SEPTIEMBRE 4

SALMO 5:7-8 "Tú diste alegría a mi corazón mayor que la de ellos cuando abundaba su grano y su mosto. En paz me acostaré, y asimismo dormiré; porque solo tú, Jehová, me haces vivir confiado."

Hoy oramos no obteniendo nuestra alegría en los bienes temporales, que no nos proporcionan seguridad y que quitan el sueño a los que solamente confían en sus riquezas; sino que tenemos la garantía divina para dormir en paz y seguros. Amen.

Verdades Biblicas

_____

_____

_____

_____

Aplicacion Personal

_____

_____

_____

_____

Peticiones

_____

_____

_____

_____

Respuestas

_____

_____

_____

_____

Verdades Biblicas

_____

_____

_____

_____

Aplicacion Personal

_____

_____

_____

_____

Peticiones

_____

_____

_____

_____

Respuestas

_____

_____

_____

_____

1 SAMUEL 2:1-2 "Y Ana oró y dijo: Mi corazón se regocija en Jehová, mi poder se exalta en Jehová; mi boca se ensanchó sobre mis enemigos, por cuanto me alegré en tu salvación. No hay santo como Jehová; porque no hay ninguno fuera de ti, y no hay 'refugio' como el Dios nuestro … el guarda los pies de sus santos."

Hoy oramos declarando que nuestros pies caminan por senderos de santidad y son guardados de todo mal y peligro. Proclamamos hoy: No hay santo como Jehová y no hay verdadero refugio fuera de él. Amen.

SEPTIEMBRE 6

SALMO 34:4-7 "Busqué a Jehová, y él me oyó, y me libró de todos mis temores. Los que miraron a él fueron alumbrados, y sus rostros no fueron avergonzados. Este pobre clamó, y le oyó Jehová, y lo libró de todas sus angustias. El ángel de Jehová acampa alrededor de los que le temen, y los defiende."

Hoy oramos intensamente buscando su rostro tomando su promesa por nuestra posesión, confiando en sus promesas y sabiendo que él inclina su oído para escuchar la voz de sus hijos. Amen.

Aplicacion Personal

Peticiones

Respuestas

Aplicacion Personal

Peticiones

Respuestas

SALMO 18:1-3 "Te amo, oh Jehová, roca mía y Castillo mío, y mi libertador; Dios mío, Fortaleza mía, en él confiaré; mi 'escudo' y la fortaleza de mi salvación, mi alto 'refugio' invocaré a Jehová, quien es digno de ser alabado."

Hoy oramos poniendo en nuestros labios las mismas palabras del salmista, declarando nuestro amor y total confianza de su maravillosa protección que él dispone para cada uno de los que le invocan de veras. Amen.

SEPTIEMBRE 8

SALMO 23: 4-6 "Aunque ande en valle de sombra de muerte, no temeré mal alguno, porque tú estarás conmigo, tu vara y tu cayado me infundirán aliento. Aderezas mesa delante de mí en presencia de mis angustiadores; unges mi cabeza con aceite; mi copa está rebosando. Ciertamente el bien y la misericordia me seguirán todos los días de mi vida, y en la casa de Jehová moraré por largos días."

Hoy oramos con plena certidumbre y total confianza en el tierno cuidado de nuestro buen Pastor y de sus delicados manjares servidos en una mesa llena de amor, aún delante de circunstancias dolorosas; recibimos también una fresca unción y la compañía de dos poderosos ángeles, el Bien y la Misericordia que nos seguirán en todo momento. ¡Aleluya! Amen.

Aplicacion Personal

Peticiones

Respuestas

Verdades Biblicas

Aplicacion Personal

Peticiones

Respuestas

SALMO 27: 1-3 "Jehová es mi luz y mi salvación; ¿de quién temeré? Jehová es la fortaleza de mi vida; ¿de quién he de atemorizarme? Aunque un ejército acampe contra mí, no temerá mi corazón; aunque contra mí se levante guerra, yo estaré confiado."

Hoy oramos con la actitud de un valiente guerrero de oración, viendo caer a nuestro lado fortalezas y potestades, gobernadores de tinieblas huyendo por el resplandor de la luz del Espíritu Santo, y huestes de maldad canceladas por la espada del Espíritu que es la palabra de Dios. Amen.

SEPTIEMBRE 10

SALMO 46:1-3 "Dios es nuestro amparo y fortaleza, nuestro pronto auxilio en las tribulaciones, por tanto, no temeremos, aunque la tierra sea removida, y se traspasen los montes al corazón del mar; aunque bramen y se turben las aguas, y tiemblen los montes a causa de su braveza."

Hoy oramos con plena y absoluta certidumbre de fe, y completa confianza en nuestro Omnipotente y todopoderoso Dios, Creador y Sostenedor del Universo a quien le reconocemos como nuestro Padre y podemos decirle 'Abba, Padre' ¡sin temor a cualquier catástrofe que pudiera sobrevenir! Amen.

Aplicacion Personal

Peticiones

Respuestas

289

SEPTIEMBRE 11

Verdades Biblicas

_____

_____

_____

_____

Aplicacion Personal

_____

_____

_____

_____

Peticiones

_____

_____

_____

_____

Respuestas

_____

_____

_____

_____

SALMO 57:1-2 "Ten misericordia de mí, oh Dios, ten misericordia de mí; porque en ti ha confiado mi alma, y en la sombra de tus alas me ampararé hasta que pasen los quebrantos. Clamaré al Dios Altísimo, al Dios que me favorece."

Hoy oramos cubiertos no solamente por su gracia inefable, pero también recibiendo su inmerecido favor que él ofrece a los que le obedecen. Cubriéndonos con sus alas de misericordia, siendo nosotros librados y sanados de todo quebranto y dolor. Amen.

SEPTIEMBRE 12

_____

_____

_____

_____

SALMO 84:5-9 "Bienaventurado el hombre que tiene en ti sus fuerzas, en cuyo corazón están tus caminos. Atravesando el valle de lágrimas lo cambian en fuentes, cuando la lluvia llena los estanques. Irán de poder en poder; verán a Dios en Sion. Jehová, Dios de los ejércitos, oye mi oración; escucha, oh Dios de Jacob. Selah. Mira, oh Dios, escudo nuestro, y pon los ojos en el rostro de tu ungido."

Hoy oramos sintiendo dentro de nuestro ser las fuerzas renovadas que se multiplican al cruzar los valles, y transforman las lágrimas en fuentes de gran bendición. Amen.

Aplicacion Personal

_____

_____

_____

_____

Peticiones

_____

_____

_____

_____

Respuestas

_____

_____

_____

_____

SEPTIEMBRE 13

SALMO 121:1-8 "Alzaré mis ojos a los montes; ¿de dónde vendrá mi socorro? Mi socorro viene de Jehová, que hizo los cielos y la tierra. No dará tu pie al resbaladero, ni se dormirá el que guarda a Israel. Jehová es tu sombra a tu mano derecha. El sol no te fatigará de día, ni la luna de noche. Jehová te guardará de todo mal, él guardará tu salida y tu entrada desde ahora y para siempre."

Hoy oramos levantando nuestros ojos con una mirada clara e iluminada al que es nuestro socorro, pues el hizo los cielos y la tierra, no resbalaremos ni seremos quemados por el sol, no habrá molestias en la noche, y el mal huirá de nosotros. ¡Habrá seguridad y total protección en todos nuestros caminos! Amen.

Verdades Biblicas

Aplicacion Personal

Peticiones

Respuestas

SEPTIEMBRE 14

ISAÍAS 43:1-3 "Ahora, así dice Jehová, Creador tuyo, Formador tuyo: No temas, porque yo te redimí; te puse nombre, mío eres tú. Cuando pases por las aguas, yo estaré contigo; y si por los ríos, no te anegarán. Cuando pases por el fuego, no te quemarás, ni la llama arderá en ti. Porque yo Jehová, Dios tuyo, el Santo de Israel, soy tu Salvador."

Hoy oramos con nuestra boca cerrada y nuestros oídos atentos para escuchar la voz tierna y magistral de nuestro Creador, Formador, Protector y ¡Padre bueno! Que nos asegura completa protección en cualquier circunstancia en que nos encontremos. ¡Aleluya!! Amen.

Aplicacion Personal

Peticiones

Respuestas

293

Verdades Biblicas

———————————

———————————

———————————

———————————

Aplicacion Personal

———————————

———————————

———————————

———————————

Peticiones

———————————

———————————

———————————

———————————

———————————

Respuestas

———————————

———————————

———————————

———————————

———————————

ISAÍAS 45:1-3 "Así dice Jehová a su ungido ... al cual tomé yo por su mano derecha ... para abrir delante de él puertas, y las puertas no se cerrarán; yo iré delante de ti, y enderezaré los lugares torcidos; quebrantaré puertas de bronce, y cerrojos de hierro haré pedazos; y te daré los tesoros escondidos, y los secretos bien guardados, para que sepas que yo soy Jehová."

Hoy oramos agradecidos por el favor y la gracia de Dios de habernos escogido para totalmente hacer prosperar nuestro camino con su directa intervención, removiendo todo obstáculo y abriendo sus tesoros y compartiéndolos con nosotros revelándose a sí mismo para que tengamos un claro conocimiento de él. Amen.

SEPTIEMBRE 16

Isaías 54:10 "Los montes se moverán y los collados también, pero no se apartará de ti mi misericordia, ni el 'pacto' de mi paz se quebrará, dijo Jehová, el que tiene misericordia de ti."

Hoy oramos expresando nuestra oración con cánticos de alabanza ..." y esos montes se moverán, y esos montes se moverán por su Santo Espíritu ..., y confesamos abundancia de gozo y paz dentro de los muros de nuestro hogar, ¡llenándose del aroma y fragancia de su grata presencia y su misericordia! Amen.

Aplicacion Personal

Peticiones

Respuestas

Verdades Biblicas

_____

_____

_____

_____

Aplicacion Personal

_____

_____

_____

_____

Peticiones

_____

_____

_____

_____

Respuestas

_____

_____

_____

_____

SALMO 59:16-17 "Pero yo cantaré de tu poder, y alabaré de mañana tu misericordia, porque has sido mi amparo y mi 'refugio' en el día de mi angustia. Fortaleza mía, a ti cantaré; porque eres oh Dios, mi refugio, el Dios de mi misericordia."

Hoy oramos y nos expresamos delante de nuestro Dios con cánticos y canciones de alabanza y de adoración, reconociendo que nuevas son sus misericordias cada mañana, y manifiesta es su fidelidad cada noche. Amen.

SEPTIEMBRE 18

1 SAN PEDRO 5:5-8 "Igualmente, jóvenes, estad sujetos a los ancianos; y todos, sumisos unos a otros, revestíos de humildad; porque Dios resiste a los soberbios y da gracia a los humildes. Humillaos, pues, bajo la ponderosa mano de Dios, para que él os exalte cuando fuere tiempo; echando toda vuestra ansiedad en él porque él tiene cuidado de vosotros. Sed sobrios, y velad; porque vuestro adversario el Diablo, como león rugiente, anda alrededor buscando a quien devorar."

Hoy oramos confesando que nuestra actitud de sumisión y obediencia a Dios y a las autoridades por él establecidas nos dan seguridad y una total victoria sobre Satanás y sus demonios. Amen.

Aplicacion Personal

Peticiones

Respuestas

Verdades Biblicas

_____
_____
_____
_____

Aplicacion Personal

_____
_____
_____
_____

Peticiones

_____
_____
_____
_____

Respuestas

_____
_____
_____
_____

SAN JUAN 10: 27-30 "Mis ovejas oyen mi voz, y yo las conozco, y me siguen, y yo les doy vida eterna; y no perecerán jamás, ni nadie las arrebatará de mi mano. Mi Padre que me las dio, es mayor que todos, y nadie las puede arrebatar de las manos de mi Padre, Yo y el Padre uno somos."

Hoy oramos siendo alentados y guiados por la tierna y poderosa voz de nuestro buen Pastor que nos asegura y garantiza su completa protección en el presente y nos da el precioso regalo de la vida eterna. Amen.

SEPTIEMBRE 20

SAN JUAN 11:24-27 "Marta le dijo: Yo sé que resucitará mi hermano, en la resurrección, en el día postrero. Le dijo Jesús: Yo soy la resurrección y la vida; el que cree en mí, aunque esté muerto vivirá. Y todo aquel que vive y cree en mí, no morirá eternamente. ¿Crees esto?"

Hoy oramos siendo dirigidos a un maravilloso Salvador y Señor que venció a la muerte y sacó a la vida la inmortalidad, en él nosotros tenemos el regalo de la vida eterna. Amen.

Verdades Biblicas

_____

_____

_____

_____

Aplicacion Personal

_____

_____

_____

_____

Peticiones

_____

_____

_____

_____

Respuestas

_____

_____

_____

_____

SEPTIEMBRE 21

Verdades Biblicas

_____

_____

_____

_____

Aplicacion Personal

_____

_____

_____

_____

Peticiones

_____

_____

_____

_____

Respuestas

_____

_____

_____

_____

SAN JUAN 14:1-3 "No se turbe vuestro corazón; creéis en Dios, creed también en mí. En la casa de mi Padre muchas moradas hay; si así no fuera, yo os lo hubiera dicho, voy, pues, a preparar lugar para vosotros. Y si me fuere y os preparare lugar, vendré otra vez, y os tomaré a mí mismo, para que donde yo estoy, vosotros también estéis."

Hoy oramos rechazando todo pensamiento de duda y confusión con respecto a nuestro futuro; nuestro corazón, recibiendo esta Palabra con promesa se llena de esperanza y de emoción, conociendo nuestro destino eterno en Cristo Jesús Señor nuestro. Amen.

SEPTIEMBRE 22

SAN JUAN 14:15-18 "Si me amáis, guardad mis mandamientos. Y yo rogaré al Padre, y él os dará otro Consolador para que esté con vosotros para siempre; el Espíritu de verdad, al cual el mundo no puede recibir, porque no le ve ni le conoce; pero vosotros le conocéis, porque mora con vosotros y estará en vosotros, no os dejaré huérfanos, vendré a vosotros."

Hoy oramos con un corazón contrito y humillado, buscando ser obedientes a sus mandamientos y uniendo nuestra oración a la suya, pues su ruego al Padre es una garantía para nosotros recibir una poderosa unción. Amen.

Aplicacion Personal

Peticiones

Respuestas

301

_____

_____

_____

_____

Aplicacion Personal

_____

_____

_____

_____

Peticiones

_____

_____

_____

_____

Respuestas

_____

_____

_____

_____

ROMANOS 8:14-16 "Porque todos los que son guiados por el Espíritu de Dios, estos son hijos de Dios. Pues no habéis recibido el espíritu de esclavitud para estar otra vez en temor, sino que habéis recibido el espíritu de adopción. Por el cual clamamos: ¡Abba, Padre! El Espíritu mismo da testimonio a nuestro espíritu, de que somos hijos de Dios."

Hoy oramos disfrutando de la incomparable y preciosa relación de hijos de Dios, teniendo la libertad, el derecho y la confianza de llamarle; amado Papá. Porque, "mirad cual amor nos ha dado el Padre, que seamos hechos hijos de Dios."! Amen.

SEPTIEMBRE 24

ROMANOS 8:26-29 "Y sabemos que a los que aman a Dios, todas las cosas les ayudan a bien, esto es, a los que conforme a su propósito son llamados. Porque a los que antes conoció, también los predestinó para que fuesen hechos conformes a la imagen de su Hijo, para que él sea el primogénito entre muchos hermanos."

Hoy oramos comprendiendo y confesando que, en cualquier circunstancia, prueba o tentación permitida por nuestro buen Padre celestial, es para nuestro bien y trabaja para la formación del carácter e imagen de Jesucristo en nosotros. Amen.

Aplicacion Personal

Peticiones

Respuestas

_____

_____

_____

_____

Aplicacion Personal

_____

_____

_____

_____

Peticiones

_____

_____

_____

_____

_____

Respuestas

_____

_____

_____

_____

ROMANOS 8:30-32 "Y a los que predestinó, a éstos también llamó, y a los que llamó, a éstos también justificó; y a los que justificó, a éstos también glorificó. ¿Qué, pues diremos a esto? Si Dios es por nosotros, ¿quién contra nosotros? El que no escatimó ni a su propio Hijo, sino que lo entregó por todos nosotros. ¿Como no nos dará con él todas las cosas?"

Hoy oramos declarando este día, día de adoración y alabanza para un Dios tan lleno de misericordia y de bondad para, por y con nosotros, que nos ha entregado lo mejor del cielo y con él ¡todas las cosas! Amen.

SEPTIEMBRE 26

ROMANOS 8:33-34 ¿"Quién acusará a los escogidos de Dios? Dios es el que justifica. ¿Quién es el que condenará? Cristo es el que murió; más aún, el que también resucitó, el que además está a la diestra de Dios, el que también intercede por nosotros."

Hoy oramos tomando el tiempo necesario para profundizar en la Palabra que tenemos como guía de oración. ¡No hay quién pueda levantarse en acusación en contra nuestra! Ni hay quién tenga argumentos valederos para condenarnos. Damos gracias a Dios por el sabio y justo Abogado que nos defiende intercediendo por nosotros sentado a la diestra de Dios. Amen.

Aplicacion Personal

Peticiones

Respuestas

ROMANOS 8:36-37 "Como está escrito: Por causa de ti somos muertos todo el tiempo; somos contados como ovejas de matadero. Antes, en todas estas cosas somos más que vencedores por medio de Aquel que nos amó."

Hoy oramos reconociendo nuestra posición frente al mundo, la carne y satanás. Nos declaramos muertos a la carne y presentamos nuestros cuerpos como instrumentos de justicia, para justicia y no para iniquidad. Amen.

Aplicacion Personal

Peticiones

Respuestas

SEPTIEMBRE 28

ROMANOS 8:38-39 "Por lo cual estoy seguro de que ni la muerte, ni la vida, ni ángeles, ni principados, ni potestades, ni lo presente, ni lo porvenir, ni lo alto, ni lo profundo, ni ninguna otra cosa creada nos podrá separar del amor de Dios, que es en Cristo Jesús Señor nuestro."

Hoy oramos cimentados y consolidados en el profundo amor de Dios que sobre pasa todo entendimiento: no existe fuerza ni circunstancias adversas que puedan apagar este fuego dentro de nuestros corazones. ¡Dios es amor! Amen.

Verdades Biblicas

_____

_____

_____

_____

Aplicacion Personal

_____

_____

_____

_____

Peticiones

_____

_____

_____

_____

Respuestas

_____

_____

_____

_____

_____

_____

_____

_____

_____

_____

_____

_____

_____

_____

_____

_____

_____

_____

_____

_____

ROMANOS 12:18-21 "Si es posible, en cuanto dependa de vosotros, estad en paz con todos los hombres. No os venguéis vosotros mismos, amados míos, sino dejad lugar a la ira de Dios; porque escrito está: Mía es la venganza, yo pagaré, dice el Señor. Así que, si tu enemigo tuviere hambre, dale de comer; si tuviere sed, dale de beber; pues haciendo esto, ascuas de fuego amontonarás sobre su cabeza, no seas vencido de lo malo, sino vence con el bien el mal."

Hoy oramos recibiendo sabiduría, y también poderosa Unción del Espíritu Santo, aprendiendo a depender de Dios en toda circunstancia y no vengarnos nosotros mismos. Amen.

SEPTIEMBRE 30

SALMO 91:1-6 "El que habita al abrigo del Altísimo morará bajo la sombra del Omnipotente: Diré yo a Jehová: Esperanza mía, Castillo mío; mi Dios, en quién confiaré ... Con sus plumas te cubrirá, y debajo de sus alas estarás seguro; escudo y adarga es su verdad. No temerás el terror nocturno, ni saeta que vuele de día, ni pestilencia que ande en obscuridad, mortandad que en medio del día destruya."

Hoy oramos ubicándonos en la más segura y bella habitación, al 'abrigo' del Altísimo morando en la compañía del Omnipotente ... Si Dios es por nosotros ¿quién contra nosotros? Amen.

Estamos enriqueciéndonos con tesoros del cielo que son transferidos a nosotros sus hijos y este mes nos hemos gozado intensamente recorriendo todos estos maravillosos pasajes día por día en Las Sagradas Escrituras que nos garantizan una completa protección y seguridad en todo momento.

Aplicacion Personal

Peticiones

Respuestas

309

MES DE OCTUBRE

JOYA DEL MES

"SABIDURÍA"

"Cuatro cosas son de las más pequeñas de la tierra, y las mismas son más sabias que los sabios. Las hormigas, pueblo no fuerte, y en el verano preparan su comida; los conejos, pueblo nada esforzado, y ponen su casa en la piedra; las langostas, que no tienen rey, y salen todas por cuadrillas; la araña que atrapas con la mano, y está en los palacios del rey." Proverbios 30:34-38.

Lección No.1.	'Hormigas' = PROVICION
Lección No.2.	'Conejos' = SEGURIDAD
Lección No.3.	'Langostas' = UNIDAD
Lección No.4.	'La Araña' = DESTINO

Esto es sabiduría que viene de lo alto y Dios la transfiere a sus hijos para enseñarnos a caminar en prosperidad, protegidos, unidos llegando a la meta y logrando el destino que para cada uno de nosotros está diseñado. No hay sabiduría en la vanidad y orgullo humano, desconectado de la verdadera fuente de sabiduría que es Dios. El hombre puede hacer alarde de su grandeza, de su ciencia y sus capacidades, de sus grandes descubrimientos y su fuerza para conquistar, etc. pero si ellas son alimentadas de la sabiduría terrenal, están infectadas con el veneno mortal que inyectó la serpiente antigua, cuando susurró al oído de nuestros primeros padres, "seréis como dioses …" La sabiduría divina viene en un paquete que se recibe con humildad y con el reconocimiento de nuestra necesidad e ignorancia.

Dice la Escritura en <u>Santiago 3:13-18</u> lo siguiente: ¿"Quién es sabio y entendido entre vosotros? Muestre por la buena conducta sus obras en sabia mansedumbre. Pero si tenéis celos amargos y contención en vuestro corazón, no os jactéis, ni mintáis contra la verdad; porque esta sabiduría no es la que desciende de lo alto, sino terrenal, animal diabólico. Porque donde hay celos y contención, allí hay perturbación y toda obra perversa. Pero la sabiduría que viene de lo alto es primeramente pura, después pacífica, amable, llena de misericordia y de buenos frutos, sin incertidumbre ni hipocresía. Y el fruto de justicia siembra en paz para aquellos que hacen la paz. <u>Santiago 1: 5-8</u> "Y si alguno de vosotros tiene falta de sabiduría, pídala a Dios, el cual da a todos abundantemente y sin reproche, y le será dada. Pero pida con fe, no dudando nada; porque el que duda es semejante a la onda del mar, que es arrastrada por el viento y echada de una parte a otra. No piense, pues, quien tal haga, que recibirá cosa alguna del Señor. El hombre de doble ánimo es inconstante en todos sus caminos.".

Aplicacion Personal

Peticiones

Respuestas

ÉXODO 31:1-6 "Habló Jehová a Moisés, diciendo: Yo he llamado por nombre a Bezaleel hijo de Uri, hijo de Hur ... y lo he llenado del Espíritu de Dios, en 'sabiduría' y en inteligencia, en ciencia y en todo arte, para inventar diseños, para trabajar en oro, en plata y en bronce ... y he puesto 'sabiduría' en el ánimo de todo sabio de corazón, para que hagan todo lo que he mandado."

Hoy oramos con reconocimiento de la soberanía divina en escoger a quien dar medidas de sabiduría para construir su templo. La sabiduría es un don de Dios. Amen.

OCTUBRE 2

ÉXODO 35:25-26 "Además todas las mujeres sabias de corazón hilaban con sus manos, y traían lo que habían hilado; azul, púrpura, carmesí o lino fino. Y todas las mujeres cuyo corazón las impulsó en sabiduría hilaron pelo de cabra."

Aplicacion Personal

Hoy oramos alabando a nuestro Dios por dar la oportunidad de participación con la unción de sabiduría divina a mujeres dispuestas a trabajar y producir con sus manos y sus habilidades y dones recibidos de nuestro Padre, prosperidad y riquezas abundantes para el reino de los cielos. Amen.

Peticiones

Respuestas

313

Verdades Biblicas

Aplicacion Personal

Peticiones

Respuestas

ÉXODO 36:1-2 "Así, pues, Bezaleel y Aholiab, y todo hombre sabio de corazón a quien Jehová dio sabiduría e inteligencia para saber hacer toda la obra de servicio del santuario, harán todas las cosas que ha mandado Jehová. Y Moisés llamó a Bezaleel y a Aholiab y a todo varón sabio de corazón, en cuyo corazón había puesto Jehová sabiduría, todo hombre a quién su corazón movió a venir a la obra para trabajar en ella."

Hoy oramos pidiendo al Señor que él abra el oído de todos aquéllos que son llamados a venir a la obra para trabajar en ella, llenos de unción y sabiduría, impartida por su Espíritu Santo. Amen.

OCTUBRE 4

DEUTERONOMIO 4:5-6 "Mirad, yo os he enseñado estatutos y decretos, como Jehová mi Dios me mandó, para que hagáis así en medio de la tierra en la cual entráis para tomar posesión de ella. Guardadlos, pues, y ponedlos por obra; porque es vuestra sabiduría y vuestra inteligencia ante los ojos de los pueblos, los cuales oirán todos estos estatutos, y dirán: Ciertamente pueblo sabio y entendido, nación grande es esta."

Aplicacion Personal

Hoy oramos clamando a nuestro Dios y Padre celestial, de quien desciende todo don perfecto, para que él por su Espíritu Santo sea nuestro maestro y establezca en nosotros sus mandamientos y estatutos para testimonio a todos los pueblos de la tierra. Amen.

Peticiones

Respuestas

Aplicacion Personal

Peticiones

Respuestas

1 REYES 3:9-10 "Más Salomón amó a Jehová, andando en los estatutos de su padre David. Y se le apareció Jehová a Salomón en Gabaón una noche en sueños, y le dijo Dios: Pide lo que quieras que yo te dé ... Da, pues, a tu siervo corazón entendido para juzgar a tu pueblo, y para discernir entre lo bueno y lo malo ... Y agradó delante del Señor que Salomón pidiese esto."

Hoy oramos siguiendo el ejemplo del rey Salomón en su obediencia y amor a Dios manifestando nuestra necesidad de obtener la sabiduría divina para realizar el propósito de Dios en nuestra vida y llegar con éxito a nuestro destino. Amen.

OCTUBRE 6

1 REYES 4:29-34 "Y Dios dio a Salomón sabiduría y prudencia muy grandes, y anchura de corazón como la arena que está en el mar. Era mayor la sabiduría de Salomón que la de todos los orientales, y que toda la sabiduría de los egipcios. Aún fue más sabio que todos los hombres ... y compuso tres mil proverbios, y sus cantares fueron cinco mil. También disertó sobre los árboles, desde el cedro del Líbano hasta el hisopo que nace en la pared ... y para oír de la sabiduría de Salomón venían de todos los pueblos y de todos los reyes de la tierra."

Hoy oramos asombrándonos de la respuesta de Dios a un deseo del corazón sincero expresado en una sencilla oración de fe. Al que pide con fe, no dudando recibirá lo que ha pedido en forma multiplicada. ¡Gloria a Dios! Amen.

Aplicacion Personal

Peticiones

Respuestas

_____

_____

_____

_____

Aplicacion Personal

_____

_____

_____

_____

Peticiones

_____

_____

_____

_____

Respuestas

_____

_____

_____

_____

ESDRAS 7:25 "Y tú, Esdras conforme a la sabiduría que tienes de tu Dios, pon jueces y gobernadores que gobiernen a todo el pueblo que está al otro lado del río, todos los que conocen las leyes de tu Dios; y al que no las conoce, le enseñarás."

Hoy oramos clamando a favor de los que están en autoridad, intercediendo por ellos a fin de que la sabiduría de Dios se manifieste y ellos mismos estén capacitados para enseñar a otros y gobernar con discernimiento espiritual para delegar a otros, lugares de autoridad y gobierno. Amen.

OCTUBRE 8

SALMO 37:27-31 "Apártate del mal, y haz el bien, y vivirás para siempre. Porque Jehová ama la rectitud, y no desamparará a sus santos. Para siempre serán guardados; los justos heredarán la tierra, la boca del justo hablará 'sabiduría' y su lengua habla justicia. La ley de Dios está en su corazón; por tanto, sus pies no resbalarán."

Hoy oramos con las palabras sabias del salmista decidiendo apartanos de todo mal practicando la justicia viviendo al amparo de nuestro Dios. Nuestra boca hablará sabiduría y caminaremos sin resbalar estableciendo la ley de Dios en nuestros corazones. Amen.

Aplicacion Personal

Peticiones

Respuestas

Aplicacion Personal

Peticiones

Respuestas

SALMO 51:6-7 "He aquí, tu amas la verdad en lo íntimo, y en lo secreto me has hecho comprender 'sabiduría' Purifícame con hisopo, y seré limpio; lávame, y seré más blanco que la nieve."

Hoy oramos buscando esos lugares íntimos y secretos sagrados de nuestro Dios, comprendiendo que la sabiduría divina revela la necesidad de limpieza y purificación proveyendo lo necesario para estar limpios y ¡más blancos que la misma nieve! Amen.

OCTUBRE 10

SALMO 90:1-2-12 "Señor, tú nos has sido refugio de generación en generación. Antes que naciesen los montes y formases la tierra y el mundo, desde el siglo y hasta el siglo, tú eres Dios ... Enséñanos de tal modo a contar nuestros días, que traigamos al corazón 'sabiduría".

Hoy oramos buscando en la presencia de nuestro Dios el aprender a redimir el tiempo, trayendo sabiduría al corazón y gran prosperidad y bendición a nuestras vidas y a nuestras familias. Amen.

Aplicacion Personal

_____

_____

_____

_____

Peticiones

_____

_____

_____

_____

Respuestas

_____

_____

_____

_____

OCTUBRE 11

_____

_____

_____

_____

Aplicacion Personal

_____

_____

_____

_____

Peticiones

_____

_____

_____

_____

Respuestas

_____

_____

_____

_____

SALMO 111:9-10 "Redención ha enviado a su pueblo; para siempre ha ordenado su pacto; santo y temible es su nombre. El principio de la sabiduría es el temor a Jehová; buen entendimiento tiene todos los que practican sus mandamientos; su loor permanece para siempre."

Hoy oramos mostrando nuestro temor a Dios, temor reverencial que produce en nosotros el fruto de la sabiduría divina. Nuestro Dios es Dios de pacto eterno y temible es su nombre, ¡ayúdanos a practicar tus mandamientos! Amen.

OCTUBRE 12

SALMO 119:65-68 "Bien has hecho con tu siervo, oh Jehová, conforme a tu palabra. Enséñame buen sentido y 'sabiduría' porque tus mandamientos he creído. Antes que fuera yo humillado, descarriado andaba; más ahora guardo tu palabra. Bueno eres tú, y bienhechor; enséñame tus estatutos."

Hoy oramos pidiendo iluminación y clara revelación de su palabra que imparte buen sentido y sabiduría a su pueblo, quebranta y humilla para restablecer y guardar su Palabra. Amen.

Verdades Biblicas
_____
_____
_____
_____

Aplicacion Personal
_____
_____
_____
_____

Peticiones
_____
_____
_____
_____

Respuestas
_____
_____
_____
_____

Aplicacion Personal

Peticiones

Respuestas

PROVERBIOS 1:20-22 "La 'sabiduría' clama en las calles, alza su voz en las plazas; clama en los principales lugares de reunión; en las entradas de las puertas de la ciudad dice sus razones. ¿Hasta cuándo, oh simples, amaréis la simpleza, y los burladores desearán el burlar, y los insensatos aborrecerán la ciencia?"

Hoy oramos dando Gloria a Dios por ser él el iniciador para entregarnos el don maravilloso de la sabiduría y clamamos junto con el Espíritu Santo para que los oídos sean abiertos y reciban la bendición de la sabiduría personificada en nuestro Señor Jesucristo. Amen.

OCTUBRE 14

PROVERBIOS 2:1-5 "Hijo mío, si recibieres mis palabras, y mis mandamientos dentro de ti, haciendo estar atento tu oído a la 'sabiduría' si clamares a la inteligencia, y a la prudencia dieres tu voz; si como a la plata la buscares, y la escudriñares como a tesoros, entonces entenderás el temor de Jehová, y hallarás el conocimiento de Dios."

Hoy oramos, no con palabras, sino con oídos abiertos y atentos para escuchar el clamor de la sabiduría y seguir diligentemente sus instrucciones, consejos y advertencias. Entonces se iluminará nuestro entendimiento para comprender el temor y reverencia y tener una más amplia revelación y mejor conocimiento de nuestro Dios. Amen.

Aplicacion Personal

Peticiones

Respuestas

OCTUBRE 15

Verdades Biblicas

_____

_____

_____

_____

Aplicacion Personal

_____

_____

_____

_____

Peticiones

_____

_____

_____

_____

Respuestas

_____

_____

_____

_____

PROVERBIOS 3:13-15 "Bienaventurado el hombre que halla la 'sabiduría, y que obtiene la inteligencia; porque su ganancia es mejor que la ganancia de la plata, y sus frutos más que el oro fino. Mas preciosa es que las piedras preciosas; y todo lo que se puede desear, no se puede comparar con ella."

Hoy oramos dando gracias a Dios por el precioso don de la sabiduría como la más importante riqueza que pudiéramos obtener. No es comparable con las riquezas temporales de este mundo. Amen.

OCTUBRE 16

PROVERBIOS 4:4-8 "Y él me enseñaba, y me decía: Retenga tu corazón mis razones, guarda mis mandamientos, y vivirás. Adquiere 'sabiduría' adquiere inteligencia ... 'sabiduría' ante todo; adquiere 'sabiduría, y sobre todas tus posesiones adquiere inteligencia. Engrandécela, y ella te engrandecerá; ella te honrará, cuando tú la hallas abrazado."

Hoy oramos pidiendo y adquiriendo sabiduría como una prioridad personal y como un medio de verdadera vida y como un Tesoro irremplazable. Amen.

Aplicacion Personal

_____

_____

_____

_____

Peticiones

_____

_____

_____

_____

Respuestas

_____

_____

_____

_____

PROVERBIOS 7:2-4 "Guarda mis mandamientos y vivirás, y mi ley como la niña de tus ojos. Lígalos a tus dedos; escríbelos en la tabla de tu corazón. Dí a la 'sabiduría': Tu eres mi hermana, y a la inteligencia llama parienta."

Aplicacion Personal

Hoy oramos confesando literalmente un parentesco cercano con la sabiduría; la declaramos familia intima, como nuestra hermana. (Santiago 1:5.) Amen.

Peticiones

Respuestas

OCTUBRE 18

PROVERBIOS 24:3-7 "Con 'sabiduría' se edificará la casa, y con prudencia se afirmará; y con ciencia se llenarán las cámaras de todo bien preciado y agradable. El hombre 'sabio' es fuerte, y de pujante vigor el hombre docto. Porque con ingenio harás la guerra, y en la multitud de consejeros está la victoria. Alta está para el insensato la 'sabiduría' en la puerta no abrirá él su boca."

Hoy oramos intensamente reconociendo la gran importancia de edificar nuestro hogar sabiamente y ganar las batallas de la vida atendiendo diligentemente a los consejos del Espíritu Santo. La sabiduría nos producirá pujante vigor, fuerza y te elevará a una posesión de honor. Amen.

Aplicacion Personal

Peticiones

Respuestas

_____

_____

_____

_____

Aplicacion Personal

_____

_____

_____

_____

Peticiones

_____

_____

_____

_____

Respuestas

_____

_____

_____

_____

PROVERBIOS 20:25-27 "El altivo de ánimo suscita contiendas; más el que confía en Jehová prosperará. El que confía en su propio corazón es necio; más el que camina en 'sabiduría' será librado. El que da al pobre no tendrá pobreza; más el que aparta sus ojos tendrá muchas maldiciones."

Hoy oramos declarando abundante bendición, libertad y verdadera prosperidad para el que camina en sabiduría. La confianza en Dios nos proporciona una verdadera prosperidad, y el generoso tendrá riquezas. Amen.

OCTUBRE 20

PROVERBIOS 29:2-3 "Cuando los justos dominan el pueblo se alegra; más cuando domina el impío, el pueblo gime. El hombre que ama la 'sabiduría' alegra a su padre; más el que frecuenta rameras perderá los bienes."

Hoy oramos rogando al Señor que hombres justos y temerosos de Dios gobiernen nuestros pueblos, porque cuando ellos dominan el pueblo se alegra y las familias crecen con gozo y gran prosperidad. Amen.

Verdades Biblicas

_____

_____

_____

_____

Aplicacion Personal

_____

_____

_____

_____

Peticiones

_____

_____

_____

_____

Respuestas

_____

_____

_____

_____

Aplicacion Personal

Peticiones

Respuestas

PROVERBIOS 29:14-18 "Del rey que juzga con verdad a los pobres, el trono será firme para siempre. La vara y la corrección dan 'sabiduría' más el muchacho consentido avergonzará a su madre. Corrige a tu hijo, y te dará descanso, y dará alegría a tu alma. Sin profecía el pueblo se desenfrena; más el que guarda la ley es bienaventurado."

Hoy oramos buscando sabiduría divina en la corrección de nuestros hijos y la voz profética que detiene el desenfreno del pueblo y atrae la bienaventuranza. Amen.

OCTUBRE 22

SAN MATEO 12:41-42 "Los hombres de Nínive se levantarán en el juicio con esta generación, y la condenarán; porque ellos se arrepintieron a la predicación de Jonás, y he aquí más que Jonás en este lugar. La reina del Sur se levantará en juicio con esta generación y la condenará; porque ella vino de los fines de la tierra para oír la 'sabiduría' de Salomón, y he aquí más que Salomón en este lugar."

Hoy oramos clamando por una respuesta con arrepentimiento por oír una predicación ungida y ocultando la personalidad humana y manifestando la presencia de Dios. "He aquí, más que Jonás y más que Salomón aquí." Amen.

Aplicacion Personal

Peticiones

Respuestas

333

OCTUBRE 23

Verdades Biblicas

Aplicacion Personal

Peticiones

Respuestas

SAN MATEO 13:53-54 "Aconteció que cuando terminó Jesús estas parábolas, se fue de allí. Y venido a su tierra, les enseñaba en la sinagoga de ellos, de tal manera que se maravillaban, y decían: De dónde tiene éste esta 'sabiduría' y estos milagros."

Hoy oramos conociendo nosotros ciertamente la respuesta a esta pregunta: ¿" De don tiene este …?" y es: Él, Jesucristo, tiene esa sabiduría porque él es la misma fuente de sabiduría celestial y divina y cubrió su ministerio con poderosos milagros y grandes prodigios. Amen.

334

OCTUBRE 24

SAN LUCAS 2:39-40 "Después de haber cumplido con todo lo prescripto en la ley del Señor, volvieron a Galilea, a su ciudad de Nazaret. Y el niño crecía y se fortalecía, y se llenaba de 'sabiduría' y la gracia de Dios era sobre él."

Hoy oramos con profunda gratitud a nuestro Dios por proveer a nosotros inmerecedores pecadores, una salvación tan grande, personificada en la sabia y gloriosa persona del Señor Jesucristo viviendo en completo cumplimiento de la ley y todos los mandamientos. Amen.

Aplicacion Personal

Peticiones

Respuestas

_____

_____

_____

_____

Aplicacion Personal

_____

_____

_____

_____

Peticiones

_____

_____

_____

_____

Respuestas

_____

_____

_____

_____

HECHOS 6:2-10 "Buscad, pues, hermanos, de entre vosotros a siete varones de buen testimonio, llenos del Espíritu Santo y de 'sabiduría' a quienes encargamos de este trabajo. Y nosotros persistiremos en la oración y en el ministerio de la palabra ... pero no podían resistir a la 'sabiduría' y al Espíritu con que hablaba."

Hoy oramos por los ministerios y las personas responsables de ellos para que sean sabios y llenos del Espíritu Santo, y de buen testimonio y sobre ellos una poderosa unción, presentando buena defensa del evangelio. Amen.

OCTUBRE 26

ROMANOS 11:33-36 "Oh profundidad de las riquezas de la 'sabiduría' y de la ciencia de Dios! ¡Cuán insondables son sus juicios, e inescrutables sus caminos! Porque ¿quién entendió la mente del Señor? O ¿quién fue su consejero? O ¿quién le dio a él primero, para que le fuese recompensado? Porque de él, y por él, y para él son todas las cosas. A él sea la gloria por todos los siglos. Amén."

Hoy oramos con exclamaciones de alabanza y adoración a nuestro Dios por la grandeza de su persona y la manifestación de su conocimiento y sabiduría. Amen.

Aplicacion Personal

Peticiones

Respuestas

OCTUBRE 27

Verdades Biblicas

_____

_____

_____

_____

Aplicacion Personal

_____

_____

_____

_____

Peticiones

_____

_____

_____

_____

_____

Respuestas

_____

_____

_____

_____

_____

1 CORINTIOS 1:28-31 "Y lo vil del mundo y lo menospreciado escogió Dios, y lo que no es, para deshacer lo que es, a fin de que nadie se jacte en su presencia. Más por él estáis vosotros en Cristo Jesús, el cual nos ha sido hecho por Dios 'sabiduría' justificación, santificación y redención; para que como está escrito: El que se gloría gloríese en el Señor."

Hoy oramos con humildad de espíritu reconociendo la grandeza y magnificencia de nuestro Dios y su condescendencia en permitirnos estar en Cristo Jesús quien nos provee una maravillosa y completa obra de transformación. Amen.

OCTUBRE 28

1 CORINTIOS 2:4-5 "Y estuve entre vosotros con debilidad y mucho temor y temblor; y ni mi palabra ni mi predicación fue con palabras persuasivas de humana sabiduría, sino con demostración del Espíritu y de poder, para que vuestra fe no esté fundada en la sabiduría de hombres, sino en el poder de Dios."

Hoy oramos pidiendo claro discernimiento entre sabiduría humana y de hombres y la demostración del Espíritu y el poder de Dios, nuestra fe está fundada en el poder de Dios. Amen.

Aplicacion Personal

_____

_____

_____

_____

Peticiones

_____

_____

_____

_____

Respuestas

_____

_____

_____

_____

1 CORINTIOS 3:18-20 "Nadie se engañe a sí mismo, si alguno entre vosotros se cree sabio en este siglo, hágase ignorante, para que llegue a ser sabio. Porque la sabiduría de este mundo es insensatez para Dios; pues escrito está: El prende a los sabios en la astucia de ellos. Y otra vez: El Señor conoce los pensamientos de los sabios, que son vanos."

Hoy oramos pidiendo a nuestro Dios que nos de su 'sabiduría' que viene del cielo, y conocimiento para discernir cuando es engaño del enemigo. Amen.

Aplicacion Personal

Peticiones

Respuestas

OCTUBRE 30

2 CORINTIOS 1:12 *"Porque nuestra gloria es* esta: El testimonio de nuestra conciencia, que, con sencillez y sinceridad de Dios, no con sabiduría humana, sino con la gracia de Dios, nos hemos conducido en el mundo, y mucho más con vosotros."

Hoy oramos confidentes en la gracia poderosa de Dios, protegiendo nuestro espíritu de dependencia en la sabiduría humana, confiando en la sencillez y sinceridad de Dios. Amen.

Aplicacion Personal

Peticiones

Respuestas

OCTUBRE 31

_____

_____

_____

_____

Aplicacion Personal

_____

_____

_____

_____

Peticiones

_____

_____

_____

_____

Respuestas

_____

_____

_____

_____

SANTIAGO 1:5-7 "Y si alguno de vosotros tiene falta de 'sabiduría' pídala a Dios, el cual da a todos abundantemente y sin reproche, y le será dada. Pero pida con fe, no dudando nada; porque el que duda es semejante a la onda del mar, que es arrastrada por el viento y echada de una parte a otra. No piense, pues, quien tal haga, que recibirá cosa alguna del Señor. El hombre de doble ánimo es inconstante en todos sus caminos."

Hoy oramos teniendo una gran puerta abierta para todos nosotros al completar 31 días de oración, recorriendo las Escrituras que nos revelan y proporcionan las Fuentes de sabiduría que nuestro Dios ha puesto a nuestra disposición. Amen.

MES DE NOVIEMBRE

JOYA DEL MES

"BONDAD"

"Gustad, y ved que es 'BUENO' EL Señor; dichoso el hombre que confía en él ... Bendeciré al Señor en todo tiempo; su alabanza estará de continuo en mi boca. En Jehová se gloriará mi alma; lo oirán los 'buenos' y se alegrarán. Engrandeced a Jehová conmigo y exaltemos a una su nombre." Salmo 34. Nos faltan palabras en cualquier vocabulario de cualquier idioma para describir en su cabalidad la grandeza y el alcance de la 'bondad' de nuestro gran Dios. Rendimos tributo de alabanza y adoración a él, aún en la pobreza de palabras y expresiones humanas, que, aunque sinceras y de corazón nunca podrían alcanzar a descifrar la anchura, la profundidad y la altura de la bondad de nuestro Dios y Padre celestial. "Porque de tal manera amó Dios al mundo, que dió a su Hijo Unigénito, para que todo aquel que cree en él, no se pierda, más tenga vida eterna," San Juan 3:16.

NEHEMÍAS 9:24-25 "Y los hijos vinieron y poseyeron la tierra, y humillaste delante de ellos a los moradores del país ... los cuales entregaste en sus manos, y a sus reyes, para que hiciesen de ellos como quisieran. Y tomaron ciudades fortificadas y tierra fértil, y heredaron casas llenas de todo bien, cisternas hechas, viñas y olivares, y muchos árboles frutales; comieron y se deleitaron en su GRAN BONDAD."

Hoy oramos declarando la gran bondad de Dios sobre nuestras vidas dándonos posesiones de todo bien y en gran abundancia en todas las áreas de nuestra vida. Amen.

NOVIEMBRE 2

GENESIS 21:23-24 "Aconteció en aquel mismo tiempo que habló Abimelec, y Ficol príncipe de su ejército, a Abraham, diciendo: Dios está contigo en todo cuanto haces. Ahora, pues, júrame aquí por Dios, que no faltarás a mí, ni a mi hijo ni a mi nieto, sino conforme a la 'bondad' que yo hice contigo, harás tu conmigo, y con la tierra donde has morado. Y respondió Abraham: Yo juraré."

Hoy oramos pidiendo a nuestro Dios un corazón lleno de bondad para aquéllos que nos han participado de su bondad y generosidad. Sembrando la misma semilla de amor que Dios ha sembrado en nuestros corazones. Amen.

Aplicacion Personal

Peticiones

Respuestas

345

Verdades Biblicas

_____

_____

_____

_____

Aplicacion Personal

_____

_____

_____

_____

Peticiones

_____

_____

_____

_____

Respuestas

_____

_____

_____

_____

SALMO 25:6-7 "Acuérdate, oh Jehová, de tus piedades y de tus misericordias, que son perpetuas. De los pecados de mi juventud, y de mis rebeliones, no te acuerdes; conforme a tu misericordia acuérdate de mí, por tu 'bondad' oh Jehová."

Hoy oramos confiando plenamente en la gran bondad de Dios que es suficiente para borrar todos nuestros pecados, pasados presentes y futuros. 1 San Juan.1:9. Amen.

NOVIEMBRE 4

SALMO 27:13-14 "Hubiera yo desmayado, si no creyese que veré la 'bondad' de Jehová en la tierra de los vivientes. Aguarda a Jehová; esfuérzate, y aliéntese tu corazón; sí, espera a Jehová."

Hoy oramos confiando en la bondad de nuestro Dios que restituye nuestras fuerzas librándonos de depresiones y desalientos en cualquier momento en que enfrentemos ataque del enemigo o pruebas que vengan contra nosotros en este día: ¡Dios es bueno! Amen.

Aplicacion Personal

Peticiones

Respuestas

NOVIEMBRE 5

Verdades Biblicas

_____

_____

_____

_____

Aplicacion Personal

_____

_____

_____

_____

Peticiones

_____

_____

_____

_____

Respuestas

_____

_____

_____

_____

SALMO 68:8-10 "La tierra tembló; también destilaron los cielos ante la presencia de Dios; aquel Sinaí tembló delante de Dios, del Dios de Israel. Abundante lluvia esparciste, oh Dios; a tu heredad exhausta la reanimaste. Los que son de tu grey han morado en ella; por tu 'bondad' oh Dios has provisto al pobre."

Hoy oramos recibiendo el beneficio de la bondad de Dios sobre nuestras vidas que nos hace prosperar espiritual, material, emocional y físicamente. ¡Lluvias de bendición! Amen.

NOVIEMBRE 6

SALMO 119:67-72 "Antes que fuera yo humillado, descarriado andaba; más ahora guardo tu palabra. 'Bueno' eres tú, y bienhechor; enséñame tus estatutos. 'Bueno' me es haber sido humillado, para que aprenda tus estatutos. Mejor me es la ley de tu boca que millares de oro y plata."

Hoy oramos siendo conscientes de nuestro extravío y en humillación y arrepentimiento hemos encontrado la salvación eterna en su gloriosa palabra porque él es el 'bienhechor' de nuestras vidas. Amen.

Aplicacion Personal

Peticiones

Respuestas

349

Verdades Biblicas

———————————

———————————

———————————

———————————

Aplicacion Personal

———————————

———————————

———————————

———————————

Peticiones

———————————

———————————

———————————

———————————

Respuestas

———————————

———————————

———————————

———————————

SALMO 86:3-6 "Ten misericordia de mí, oh Jehová, porque a ti clamo todo el día. Alegra el alma de tu siervo, porque a ti, oh Señor, levanto mi alma. Porque tú, oh Señor, eres 'bueno' y perdonador, y grande en misericordia para con todos los que te invocan. Escucha, oh Jehová, la oración, y está atento a la voz de mis ruegos."

Hoy oramos confiando en la bondad infinita de nuestro amado Dios, habiendo experimentado nosotros mismos el absoluto perdón de todos nuestros pecados y sanado nuestra alma de toda aflicción y resentimiento. ¡Aleluya! Amen.

NOVIEMBRE 8

OSEAS 10:1-2 "Israel es una frondosa viña, que da abundante fruto para sí mismo; conforme a la abundancia de su fruto multiplicó también sus altares, conforme a la 'bondad' de su tierra aumentaron sus ídolos. Está dividido su corazón. Ahora serán hallados culpables."

Hoy oramos en gran súplica y clamor pidiendo a nuestro Dios discernimiento en medio de tiempos prósperos, para no poner la mira y el corazón en las riquezas que se levantan como ídolos ocupando el lugar que corresponde solamente a nuestro Dios. Amen.

Aplicacion Personal

Peticiones

Respuestas

Verdades Biblicas

_____

_____

_____

_____

Aplicacion Personal

_____

_____

_____

_____

Peticiones

_____

_____

_____

_____

Respuestas

_____

_____

_____

_____

ZACARIAS 9:16-17; 10:1 "Y los salvará en aquel día Jehová su Dios como rebaño de su pueblo; porque como piedras de diadema serán enaltecidos en su tierra. Porque ¡cuánta es su 'bondad' y cuánta su hermosura! El trigo alegra a los jóvenes, y el vino a las doncellas. **Vr 10:1** Pedid a Jehová lluvia en la estación tardía. Jehová hará relámpagos, y os dará lluvia abundante, y hierba verde en el campo de cada uno."

Hoy oramos con grandes voces de alabanzas y cánticos de alegría porque "¡cuánta es SU BONDAD, y cuánta SU HERMOSURA!" Amen.

ROMANOS 15:13-14 "Y el Dios de esperanza os llene de todo gozo y paz en el creer; para que abundéis en esperanza por el poder del Espíritu Santo. Pero estoy seguro de vosotros, hermanos míos, de que vosotros mismos estáis llenos de 'bondad' llenos de todo conocimiento, de tal manera que podéis amonestaros los unos a los otros."

Hoy oramos confesando que hay un pueblo de Dios muy amado y lleno de bondad y servicial, que lleva el fruto del Espíritu Santo y obra conforme a los dones por él recibidos. Amén.

Verdades Biblicas

Aplicacion Personal

Peticiones

Respuestas

NOVIEMBRE 11

Verdades Biblicas

_____

_____

_____

_____

Aplicacion Personal

_____

_____

_____

_____

Peticiones

_____

_____

_____

_____

Respuestas

_____

_____

_____

_____

2 CORINTIOS 6:3-6 "No damos a nadie ninguna ocasión de tropiezo, para que nuestro ministerio no sea vituperado; antes bien, nos recomendamos como ministros de Dios, en mucha paciencia, en tribulaciones, en necesidades, en angustias; en azotes, en cárceles, en tumultos, en trabajos, en desvelos, en ayunos; en pureza, en ciencia, en longanimidad, en 'bondad' en el Espíritu Santo, en amor sincero."

Hoy oramos agradecidos a nuestro Dios por siervos y ministros que manifiestan la bondad recibida de lo alto para una entrega total de sus vidas a un verdadero servicio y sacrificio, por las almas que guardan un testimonio brillante sin ocasión de tropiezo ni vergüenza para el Evangelio ni para la Iglesia del Señor. Amen.

354

NOVIEMBRE 12

2 CORINTIOS 8:1-2 "Asimismo, hermanos, os hacemos saber la gracia de Dios que se ha dado a las Iglesias de Macedonia, que, en grande prueba de tribulación, la abundancia de su gozo y su profunda pobreza abundaron en riquezas de su generosidad."

Hoy oramos dando alabanza a nuestro Dios que define la bondad como ¡generosidad!! Obedeciendo con gozo sacrificial el compartir y el dar, no escasamente, sino en abundancia para la causa gloriosa del evangelio. Amen.

Verdades Biblicas

———————————

———————————

———————————

———————————

Aplicacion Personal

———————————

———————————

———————————

———————————

Peticiones

———————————

———————————

———————————

———————————

Respuestas

———————————

———————————

———————————

———————————

_____

_____

_____

_____

Aplicacion Personal

_____

_____

_____

_____

Peticiones

_____

_____

_____

_____

Respuestas

_____

_____

_____

_____

GÁLATAS 5:22-26 "Mas el fruto del Espíritu es amor, gozo, paz, paciencia, benignidad, 'bondad', fe, mansedumbre, templanza; contra tales cosas no hay ley. Pero los que son de Cristo han crucificado la carne con sus pasiones y deseos. Si vivimos por el Espíritu, andemos también por el Espíritu. No nos hagamos vanagloriosos, irritándonos unos a otros, envidiándonos unos a otros."

Hoy oramos alabando a nuestro Dios por darnos él, por medio del Espíritu Santo, la calidad de vida que agrada a Dios y beneficia al prójimo. Damos gracias por el fruto del Espíritu Santo. Amen.

NOVIEMBRE 14

EFESIOS 2:4-7 "Pero Dios, que es rico en misericordia, por su mucho amor con que nos amó, aún estando nosotros muertos por el pecado, nos dio vida juntamente con Cristo (por gracia sois salvos) y juntamente con él nos resucitó, y así mismo nos hizo sentar en lugares celestiales con Cristo Jesús, para mostrar en los siglos venideros las abundantes riquezas de su gracia en su 'bondad' para con nosotros en Cristo Jesús."

Hoy oramos celebrando con acciones de gracias y con cánticos de alabanza y adoración porque su bondad y misericordia son ilimitadas y eternas. Amen.

Verdades Biblicas

_____

_____

_____

_____

Aplicacion Personal

_____

_____

_____

_____

Peticiones

_____

_____

_____

_____

Respuestas

_____

_____

_____

_____

Verdades Biblicas

_____

_____

_____

_____

Aplicacion Personal

_____

_____

_____

_____

Peticiones

_____

_____

_____

_____

Respuestas

_____

_____

_____

_____

2 TESALONICENSES 1:11-12 "Por lo cual asimismo oramos siempre por vosotros, para que nuestro Dios os tenga por dignos de su llamamiento, y cumpla todo propósito de bondad y toda obra de fe con su poder, para que el nombre de nuestro Señor Jesucristo sea glorificado en vosotros, y vosotros en él por la gracia de nuestro Dios y del Señor Jesucristo."

Hoy oramos dando gracias por una bondad con propósito que nos regala el don de la fe para obrar con poder glorificando el nombre de nuestro Señor Jesucristo, siendo nosotros glorificados en él. Amen.

NOVIEMBRE 16

TITO 3:4-6 "Pero cuando se manifestó la 'bondad' de Dios, nuestro Salvador, y su amor para con los hombres, nos salvó no por obras de justicia que nosotros hubiéramos hecho, sino por su misericordia, por el lavamiento de la regeneración y por la renovación del Espíritu Santo, el cual derramó en nosotros abundantemente por Jesucristo nuestro Señor."

Hoy oramos con profunda gratitud y adoración a nuestro amado Dios y Salvador por darnos esta salvación tan grande, no por obras ni méritos personales, sino por su gran misericordia para con nosotros. Por medio de la fe. Amen.

Verdades Biblicas

_____

_____

_____

_____

Aplicacion Personal

_____

_____

_____

_____

Peticiones

_____

_____

_____

Respuestas

_____

_____

_____

_____

_____

_____

_____

_____

_____

_____

_____

_____

_____

_____

_____

_____

_____

_____

RUTH 2:20 "Y dijo Noemí a su nuera. Sea él bendito de Jehová, pues que no ha rehusado a los vivos 'benevolencia' que tuvo para los que han muerto. Después le dijo Noemí: Nuestro pariente es aquel varón y uno de los que pueden redimirnos."

Hoy oramos expresando la benevolencia de nuestro buen Padre Celestial que no rehusó el darnos un Salvador que pudo redimirnos de todo mal y de la muerte. Amen.

NOVIEMBRE 18

ESTER 2:17-18 "Y el rey amó más que a todas las otras mujeres, y halló ella gracia y 'benevolencia' delante de él más que todas las demás vírgenes; y puso la corona real en su cabeza, y la hizo reina en lugar de Vasti. Hizo luego el rey un gran banquete a todos sus príncipes y siervos, el banquete de Ester; y disminuyó tributos a las provincias, e hizo y dio mercedes conforme a la generosidad real."

Hoy oramos identificándonos con la reina Ester como la Esposa del Cordero recibiendo la bondad y abundante bendición del Rey de reyes y Señor de señores. Amen.

Verdades Biblicas

_____

_____

_____

_____

Aplicacion Personal

_____

_____

_____

_____

Peticiones

_____

_____

_____

_____

Respuestas

_____

_____

_____

_____

Verdades Biblicas

_____
_____
_____
_____

Aplicacion Personal

_____
_____
_____
_____

Peticiones

_____
_____
_____
_____

Respuestas

_____
_____
_____
_____

SALMO 34:7-9 "El ángel de Jehová acampa alrededor de los que le temen, y los defiende. Gustad, y ved que es 'bueno' Jehová; dichoso el hombre que en él confía. Temed a Jehová, vosotros sus santos, pues nada falta a los que le temen."

Hoy oramos envueltos en ese sentimiento de bondad que despliega nuestro buen Padre celestial que nos hace sentir dichosos y llenos de gozo, con la garantía de una completa seguridad y total protección con su ángel acampando alrededor nuestro para defendernos de cualquier ataque del enemigo. Amen.

NOVIEMBRE 20

SALMO 51:16-18 "Porque no quieres sacrificio, que yo daría; no quieres holocausto. Los sacrificios de Dios son el espíritu quebrantado; al corazón contrito y humillado no despreciarás tú, oh Dios. Haz bien con tu 'benevolencia' a Sión; edifica los muros de Jerusalén."

Hoy oramos confiando en las promesas del Dios de Abraham en hacer benevolencia a Israel y oramos por la paz de Jerusalén. Amen.

Verdades Biblicas

_____

_____

_____

_____

Aplicacion Personal

_____

_____

_____

_____

Peticiones

_____

_____

_____

_____

Respuestas

_____

_____

_____

_____

SALMO 106:1-4 "Alabad a Jehová, porque él es 'bueno'; porque para siempre es su misericordia. ¿Quién expresará las poderosas obras del Señor? ¿Quién contará sus alabanzas? Dichosos los que guardan juicio, los que hacen justicia todo el tiempo. Acuérdate de mí, oh Señor, según tu 'benevolencia' para con tu pueblo; visítame con tu salvación."

Hoy oramos levantando manos santas y alabando a nuestro Dios y Salvador Jesucristo, porque él es BUENO. Es un deleite expresar las poderosas obras del Señor, sabiendo que su 'benevolencia' es presente y eterna. Amen.

NOVIEMBRE 22

1 CORINTIOS 13:4-8 "El amor es sufrido, es 'benigno'; el amor no tiene envidia, el amor no es jactancioso, no se envanece; no hace nada indebido, no busca lo suyo, no se irrita, no guarda rencor; no se goza de la injusticia, más se goza de la verdad. Todo lo sufre, todo lo cree, todo lo espera, todo lo soporta. El amor nunca deja de ser."

Hoy oramos pidiendo ser benignos y no malos. Llenos y sumergidos en el precioso e inagotable mar del amor divino expresado y personificado en la gloriosa persona del Señor Jesucristo, siendo transferido a nuestros familiares y hermanos en Cristo como un rio lleno de la corriente de aguas refrescantes y vivificantes. Amen.

Aplicacion Personal

Peticiones

Respuestas

_____

_____

_____

_____

Aplicacion Personal

_____

_____

_____

_____

Peticiones

_____

_____

_____

_____

Respuestas

_____

_____

_____

_____

SANTIAGO 3:17-18 "Pero la sabiduría que es de lo alto es primeramente pura, después pacífica, amable, 'benigna' llena de misericordia y de 'buenos' frutos sin incertidumbre ni hipocresía. Y el fruto de justicia se siembra en paz para aquéllos que hacen la paz."

Hoy oramos experimentando nosotros y en nuestras familias y también en la congregación de los santos el fruto del verdadero amor que es bueno, benigno y sincero, llenando de paz nuestros corazones y de armonía en todas nuestras relaciones. Amen.

NOVIEMBRE 24

Verdades Biblicas

_____

_____

_____

_____

_____

2 SAMUEL 22:33-37 "Dios es el que me ciñe de fuerza, y quien despeja mi camino; quien hace los pies como de ciervas, y me hace estar firme sobre mis alturas, quien adiestra mis manos para la batalla, de manera que se doble el arco de bronce con mis brazos. Me diste asimismo el escudo de tu salvación, y tu 'benignidad' me ha engrandecido. Tu ensanchaste mis pies debajo de mí."

Aplicacion Personal

_____

_____

_____

_____

¡Hoy oramos alabando a nuestro Dios por el lugar de seguridad y de gran altura y honor hasta donde nos ha elevado y todo ha sido el resultado de su pasión y gran amor y benignidad con que nos ha rodeado y abrazado! Amen.

Peticiones

_____

_____

_____

Respuestas

_____

_____

_____

_____

Aplicacion Personal

Peticiones

Respuestas

ROMANOS 2:4 ¿"O menospreciáis las riquezas de su 'benignidad', paciencia y longanimidad, ¿ignorando que su 'benignidad' te guía al arrepentimiento? … Pero gloria honra y paz a todo el que hace lo 'bueno' al judío primeramente y también al griego; porque no hay acepción de personas para con Dios."

Hoy oramos reconociendo y respetando, también recibiendo esas inescrutables riquezas de nuestro Dios que llenan nuestro corazón de gratitud y alabanzas y a su Espíritu Santo que nos guía al arrepentimiento. ¡Somos por su poder hacedores de lo bueno!! Amen.

COLOSENSES 3:12-14 "Vestíos, pues, como escogidos de Dios, santos y amados, de entrañable misericordia, de 'benignidad' de humildad, de mansedumbre, de paciencia; soportándoos unos a otros si alguno tuviere queja contra otros. De la manera que Cristo os perdonó, así también hacedlo vosotros, y sobre todas estas cosas vestíos de amor, que es el vínculo perfecto."

Hoy oramos dando gracias a Dios por el "vestido" tan elegante y vistoso, de buen gusto y perfecto, que el mejor 'Sastre' ha diseñado para cada uno de nosotros; vistámonos y hagamos esa vestimenta de amor TODOS LOS DÍAS. Amen.

Aplicacion Personal

Peticiones

Respuestas

————————————

————————————

————————————

————————————

Aplicacion Personal

————————————

————————————

————————————

————————————

Peticiones

————————————

————————————

————————————

Respuestas

————————————

————————————

————————————

————————————

1 TESALONICENSES 5:15-20 "Mirad que ninguno pague a otro mal por mal; antes seguid siempre lo 'bueno' unos para con otros y para con todos. Estad siempre gozosos. Orad sin cesar. Dad gracias en todo, porque esta es la voluntad de Dios para con vosotros en Cristo Jesús. No apaguéis al Espíritu. No menospreciéis las profecías."

Hoy oramos siguiendo el ejemplo de nuestro Señor que no nos pagó conforme a nuestros hechos malos, sino que nos amó y nos dio lo mayor del cielo; así nosotros viviremos en una profunda y continua actitud de gratitud, rogando que el fuego del Espíritu siempre esté encendido en nosotros y recibiendo la Palabra profética que dirige nuestras vidas al amor y armonía al pueblo de Dios. Amén.

NOVIEMBRE 28

1 SAN PEDRO 2:1-3 "Desechando, pues, toda malicia, todo engaño, hipocresía, envidias, y todas las distracciones, desead como niños recién nacidos, la leche espiritual no adulterada, para que por ella crezcáis para salvación, si es que habéis gustado la 'benignidad' del Señor."

Hoy oramos pidiendo a nuestro Dios que nos dé la gracia de desear con intensidad y gran apetito, aún llorando en su presencia (como los niñitos recién nacidos) de alimentarnos diariamente de su preciosa, bellísima, deliciosa y poderosa, viva y eterna Palabra de Dios. Amen.

Aplicacion Personal

Peticiones

Respuestas

NOVIEMBRE 29

Verdades Biblicas

_____
_____
_____
_____

Aplicacion Personal

_____
_____
_____
_____

Peticiones

_____
_____
_____
_____

Respuestas

_____
_____
_____
_____

EFESIOS 4:30-32 "No contristéis al Espíritu Santo de Dios, con el cual fuisteis sellado para el día de la redención. Quítese de vosotros toda amargura, enojo, ira, gritería y maledicencia. Antes sed 'benignos' unos a otros, misericordiosos, perdonándoos unos a otros, como Dios también os perdonó a vosotros en Cristo."

Hoy oramos declarando y confesando con nuestras bocas que el Espíritu Santo nos llena del fuego de su amor y toca nuestros labios con "el carbón encendido del altar" para darnos pureza de labios y palabras que saldrán de nuestra boca llenas de bendición sin raíces de amargura y liberados de las obras de la carne. ¡Viviendo en la dulce comunión del perdón! Amen.

NOVIEMBRE 30

SAN LUCAS 6:35-37 "Amad, pues, a vuestros enemigos, y haced 'bien' y prestad, no esperando de ello nada; y será vuestro galardón grande, y seréis hijos del Altísimo; porque él es 'benigno' para con los ingratos y malos. Sed pues, misericordiosos. No juzguéis, para no ser juzgados; perdonad y seréis perdonados. Dad, y se os dará; medida 'buena' apretada, remecida y rebosando darán en vuestro regazo; porque con la misma medida que medís, os volverán a medir."

Hoy oramos concluyendo el mes con el reconocimiento de la mejor calidad de vida para vivirla ¡intensamente!!! Toda 'bondad' y benignidad son joyas preciosas que nos llegan del Cielo! Amen.

Aplicacion Personal

Peticiones

Respuestas

¡TESOROS DEL CIELO TRANSFERIDOS A LA TIERRA!

JOYA DEL MES

"GOZO"

"Toda buena dádiva y todo don perfecto desciende de lo alto, del Padre de las luces, en el cual no hay mudanza, ni sombra de variación. Él, de su voluntad, nos hizo nacer por la Palabra de verdad, para que seamos primicias de sus criaturas." Santiago 1:17-18.

¡"Vamos ahora! los que decís: Hoy y mañana iremos a tal ciudad, y estaremos allá un año, y traficaremos, y ganaremos; cuando no sabéis lo que será mañana. Porque ¿qué es vuestra vida? Ciertamente es neblina que se aparece por un poco de tiempo y luego se desvanece. En lugar de lo cual deberías de decir: Si el Señor quiere, viviéremos y haremos esto o aquello." Santiago 4:13-15.-

Ha transcurrido el año velozmente y ¡ya estamos en los umbrales de un Nuevo Año! Reflexionando sobre los días vividos sentimos profunda gratitud por la muy manifiesta presencia, protección y cuidado de nuestro Dios y Buen Pastor, aún en los momentos más difíciles e incomprensibles, cuando surgen inevitablemente muchas preguntas. Sin embargo, es tan bella y grata la presencia de nuestro Dios que hace que aún las tinieblas resplandezcan delante de él y alumbren nuestro camino.

Durante el primer mes del año recorrido, **ENERO**, nos regaló 31 versículos de su Santa Palabra referentes a la **ESPERANZA DE GLORIA** que él ha depositado y sembrado en nosotros.

En el Segundo mes, **FEBRERO,** nos regaló 29 versos de las Sagradas Escrituras dirigidas todas ellas a la Joya del Cielo que se enclavó directamente en nuestros corazones. El regalo se llama **AMOR VERDADERO.**

Cuando llegamos al mes de **MARZO,** tiempo de la primavera aquí en Los Estados Unidos, respiramos la fragancia de las bellas flores y llenamos el corazón con 31 versos de Las Sagradas Escrituras que nos da la fuerza y el **PODER,** Joya del cielo, que nos renueva y vigoriza en el espíritu.

En **ABRIL** nos regala 30 versos de Las Sagradas Escrituras mostrándonos esa joya que viene del cielo, su **JUSTICIA,** transferida a nosotros por su gracia inefable con la semana de Su Pasión y muerte expiatoria.

Llegamos al quinto mes del año. **MAYO** y junto con las hermosas flores silvestres y perfumados jardines nos regala la fragancia de 31 versos de las Sagradas Escrituras, que nos garantiza esa Joya celestial llamada **PAZ** infinita.

Con la llegada del verano y los calores del mes de **JUNIO,** Y con los acalorados temperamentos que impacientemente nos lleva a disgustos y problemas podemos recibir el regalo de Las Sagradas Escrituras que nos transfieren 30 versos enfocados en las fuerzas consoladoras y restauradoras del **PERDÓN.**

Corriendo con el tiempo, mes de **JULIO** y desde el Cielo nos llega por las Sagradas Escrituras el necesario regalo de los 31 versos impartiendo como 'joya divina' la tan necesaria **PACIENCIA.**

AGOSTO llega con sus 31 días que nos regala 31 versos de Las Sagradas Escrituras, que nos ofrecen la seguridad y confianza que nos da la **FIDELIDAD.**

Ya próximos a la llegada del otoño, el mes de **SEPTIEMBRE** nos ofrece 30 días con 30 versos de Las Sagradas Escrituras con la joya celestial de la **PROTECCIÓN DIVINA.**

En la temporada fresca del año nos llegan los 31 días del mes de **OCTUBRE** con los 31 versos de Las Sagradas Escrituras llenos de **SABIDURÍA** que brotan de su Palabra inmortal.

El mes de **NOVIEMBRE** nos lleva a experimentar y gustar de la **GRAN BONDAD Y BENIGNIDAD** de nuestro amado Padre celestial a través de los 30 versos de Las Sagradas Escrituras que nos envuelven con su bondad y misericordia.

Y ya llegamos nuevamente a los 31 días que nos ofrece el mes de **DICIEMBRE** con el repicar de las campanas y las alegres canciones navideñas, recibiendo la joya favorita y bendecida del **GOZO** con 31 versos de La Sagradas Escrituras, que nos hace rebozar el corazón y llenar nuestros rostros con sonrisas que demuestran nuestra gran felicidad, como lo describe el salmista, "unges mi cabeza con aceite, mi copa reboza de gozo." El GOZO del Señor es mi fortaleza.

Alabemos a nuestro Dios por el tiempo transcurrido durante estos 365 días saturados de las grandes promesas de nuestro Dios usando el mismo lenguaje de él para hablar con él a través de la oración. Miremos adelante con optimismo y gran fe y con corazones entusiastas ¡que nos lanzamos a la conquista! Y siempre tengamos presente que "lo mejor está por venir."

DICIEMBRE 1

CRÓNICAS 20:27-28 "Y todo Judá y los de Jerusalén, y Josafat a la cabeza de ellos, volvieron para regresar a Jerusalén 'gozosos' porque Jehová les había dado 'gozo' librándolos de sus enemigos. Y vinieron a Jerusalén con salterios, arpas y trompetas, a la casa de Jehová."

Hoy oramos, primer día del último mes del año, confesando grandes triunfos, viniendo a la casa del Señor con instrumentos de alabanza y con nuestros corazones rebosando de gozo. Amen.

Verdades Biblicas

_____

_____

_____

_____

Aplicacion Personal

_____

_____

_____

_____

Peticiones

_____

_____

_____

_____

Respuestas

_____

_____

_____

_____

_____

_____

_____

_____

Aplicacion Personal

_____

_____

_____

_____

Peticiones

_____

_____

_____

_____

Respuestas

_____

_____

_____

_____

2 CRÓNICAS 30:20-21 "Y oyó Jehová a Ezequías, y sanó al pueblo. Así los hijos de Israel que estaban en Jerusalén celebraron la fiesta de los panes sin levadura por siete días con 'gran gozo' y glorificaron a Jehová todos los días los levitas y los sacerdotes, cantando con instrumentos resonantes a Jehová."

Hoy oramos experimentando el milagro de sanidad para todo aquel que cree, en todas nuestras familias, y celebramos juntos con el 'pan y el vino' y con grande gozo en nuestros corazones glorificando a nuestro glorioso y excelso Señor y Salvador Jesús de Nazaret. Amen.

DICIEMBRE 3

ESDRAS 6:16 "Entonces los hijos de Israel, los sacerdotes, los levitas y los demás que habían venido de la cautividad, hicieron la dedicación de esta casa de Dios con gozo."

Hoy oramos dedicando nuestras casas y la 'nueva Casa de Oración' a nuestro Dios con grande gozo y alegría, celebrando nuestra salida de la esclavitud del pecado, del mundo y de satanás. Amen.

Verdades Biblicas

_____

_____

_____

_____

Aplicacion Personal

_____

_____

_____

_____

Peticiones

_____

_____

_____

Respuestas

_____

_____

_____

Verdades Biblicas

_____
_____
_____
_____

Aplicacion Personal

_____
_____
_____
_____

Peticiones

_____
_____
_____
_____

Respuestas

_____
_____
_____
_____

NEHEMÍAS 12:44 "En aquel día fueron puestos varones sobre las cámaras de los tesoros, de las ofrendas, de las primicias y de los diezmos, para recoger en ellas, de los ejidos de las ciudades, las porciones legales para los sacerdotes y los levitas; porque era grande el 'gozo' de Judá con respecto a los sacerdotes y levitas que servían."

Hoy oramos por un pueblo obediente y consagrado de todo corazón a Dios, trayendo sus diezmos y ofrendas con gozo y alegría reconociendo a los siervos de Dios que fielmente le sirven a él. Amen.

ESTER 8:15-16 "Y salió Mardoqueo de delante del rey con vestido azul y blanco, y una gran corona de oro, y un manto de lino y púrpura. La ciudad de Susa entonces se alegró y 'regocijó' y los judíos tuvieron luz y alegría, y gozo y honra."

Hoy oramos experimentando, así como los judíos con Mardoqueo, el completo control del Espíritu Santo, la alegría, el gozo, y la honra que nos satura con su gloriosa presencia y unción. Amen.

Aplicacion Personal

Peticiones

Respuestas

_____

_____

_____

_____

Aplicacion Personal

_____

_____

_____

_____

Peticiones

_____

_____

_____

_____

Respuestas

_____

_____

_____

_____

JOB 20:4-5 ¿No sabes esto, que así fue siempre, desde el tiempo que fue puesto el hombre sobre la tierra, que la alegría de los malos es breve, y el gozo del impío por un momento"?

Hoy oramos reconociendo la diferencia entre los que creen y temen a Dios y los incrédulos que nunca disfrutan nada en plenitud. Amen.

DICIEMBRE 7

_____
_____
_____
_____

SALMO 43:35 "Envía tu luz y tu verdad; éstas me guiarán a tu santo monte, y a tus moradas. Entraré al altar de Dios. Al Dios de mi alegría y de mi 'gozo' y te alabaré con arpa, oh Dios, Dios mío. ¿Por qué te abates, oh alma mía, y por qué te turbas dentro de mí? Espera en Dios; porque aún he de alabarte. Salvación mía y Dios mío."

Hoy oramos envueltos en esa Luz que viene de Su trono de gloria, recibiendo su verdad que nos guía al monte de su santidad, y al entrar en su altar nuestra alegría y nuestro gozo produce cánticos de alabanza y adoración que libera de todo abatimiento y aflicción del alma. Amén.

Aplicacion Personal

_____
_____
_____
_____

Peticiones

_____
_____
_____
_____

Respuestas

_____
_____
_____
_____

_____

_____

_____

_____

_____

_____

_____

_____

_____

_____

_____

_____

_____

_____

_____

_____

SALMO 48:1-3 "Grande es Jehová, y digno de ser en gran manera alabado. En la ciudad de nuestro Dios, en su monte santo. Hermosa provincia, el gozo de toda la tierra, es el monte de Sion, a los lados del norte, la ciudad del Gran Rey. En sus palacios Dios es conocido por refugio."

Hoy oramos alabando a nuestro Dios reconociendo que Él ha puesto Su gozo en la ciudad amada de Jerusalén que canaliza el gozo del Señor por toda la tierra, en sus montes de alrededor se oyó el cántico angelical que proclamaba ¡nuevas de 'gran gozo' para todo el pueblo! Amen.

DICIEMBRE 9

_____

_____

_____

_____

SALMO 51:6-8 "He aquí, tú amas la verdad en lo íntimo, y en lo secreto me has hecho comprender sabiduría. Purifícame con hisopo, y seré limpio; lávame, y seré más blanco que la nieve. Hazme oír gozo y alegría, y se recrearán los huesos que has abatido."

Aplicacion Personal

_____

Hoy oramos con los oídos del alma atentos para escuchar las notas de gozo y alegría y aún todos nuestros huesos se recrearán y todo nuestro ser será emblanquecido y purificado con el hisopo de su Palabra. Amen.

_____

_____

_____

Peticiones

_____

_____

_____

_____

Respuestas

_____

_____

_____

_____

SALMO 105:43-45 "Sacó a su pueblo con 'gozo' con júbilo a sus escogidos. Les dio las tierras de las naciones, y las labores de los pueblos heredaron; para que guardasen sus estatutos, y cumpliesen sus leyes. Aleluya."

Aplicacion Personal

Hoy oramos recibiendo y poseyendo las abundantes bendiciones que nuestro Padre nos ha dado por heredad, ciudades que no edificamos, casas que no construimos y viñas que no plantamos. ¡Aleluya! Amen.

Peticiones

Respuestas

DICIEMBRE 11

ISAÍAS 12:2-4 "He aquí Dios es salvación mía; me aseguraré y no temeré; porque mi fortaleza y mi canción es JAH Jehová, quien ha sido salvación para mí. Sacaréis con gozo aguas de las fuentes de la salvación. Y diréis en aquel día: Cantad a Jehová, aclamad su nombre, haced célebres en los pueblos sus obras, recordad que su nombre es engrandecido."

Hoy oramos celebrando nuestro permanente gozo por una salvación permanente y eterna que nos da seguridad, nos llena de confianza, que quita el temor y nos inspira con una hermosa canción de alabanza y adoración aclamando su glorioso nombre, el único Nombre dado a los hombres en que podemos ser salvos Jesús, el Rey de reyes y Señor de señores. Amen.

Aplicacion Personal

Peticiones

Respuestas

Aplicacion Personal

Peticiones

Respuestas

ISAÍAS 35:3-10 "Fortaleced las manos cansadas, afirmad las rodillas endebles. Decid a los de corazón apocado: Esforzaos, no temáis; he aquí que vuestro Dios viene con retribución, con pago, Dios mismo vendrá, y os salvará ... y los redimidos de Jehová volverán y vendrán a Sion con alegría; y 'gozo' perpetuo será sobre sus cabezas; y tendrán 'gozo' y alegría, y huirán la tristeza y el gemido."

Hoy oramos celebrando la presencia y las promesas de nuestro Dios que fortalece, levanta y llena de energía, ¡huyendo de nosotros la tristeza! ¡El mismo vendrá, no enviará a ángeles ni a ningún representante! ¡EL VENDRÁ! Amen.

DICIEMBRE 13

ISAÍAS 51:3 "Ciertamente consolará Jehová a Sion; consolará todas sus soledades, y cambiará su desierto en paraíso, y su soledad en huerto de Jehová; se hallará en ella alegría y gozo alabanza y voces de canto."

Hoy oramos por aquellas personas que al acercarse estos tiempos navideños comienzan a sentirse solos, como en un desierto; declaramos sobre ellos la poderosa Palabra de Dios que cambia su desierto en un hermoso paraíso lleno de las flores de alegría y gozo, el verdadero gozo del Señor. Amen.

Verdades Biblicas

_____

_____

_____

_____

Aplicacion Personal

_____

_____

_____

_____

Peticiones

_____

_____

_____

_____

Respuestas

_____

_____

_____

_____

Verdades Biblicas

_____

_____

_____

_____

Aplicacion Personal

_____

_____

_____

_____

Peticiones

_____

_____

_____

_____

Respuestas

_____

_____

_____

_____

ISAÍAS 61:1-3 "El Espíritu del Señor está sobre mí, porque me ungió Dios … a ordenar a los afligidos de Sion se les dé gloria en lugar de ceniza, óleo de gozo en lugar de luto, manto de alegría en lugar de espíritu angustiado; y serán llamados árboles de justicia, y plantío de Jehová, para gloria suya."

Hoy oramos siendo bañados, sumergidos, con una ponderosa unción que produce ríos de gozo aún a aquéllos en este día sufren la pérdida de algún ser querido. Llenando sus corazones con la esperanza bendita de entrar en la "casa del Padre, donde 'muchas moradas' hay. Amen.

DICIEMBRE 15

ISAÍAS 62:5 "Como el joven se desposa con la virgen, se desposarán contigo tus hijos; y como el 'gozo' del esposo con la esposa, así se gozará contigo el Dios tuyo."

Hoy oramos declarando y viviendo un nivel de intimidad de lo más cercano que pueda existir entre nuestro amoroso Dios y nosotros sus hijos. Amen.

Aplicacion Personal

Peticiones

Respuestas

391

_____

_____

_____

_____

Aplicacion Personal

_____

_____

_____

_____

Peticiones

_____

_____

_____

_____

Respuestas

_____

_____

_____

_____

ISAÍAS 65:17-19 "Porque he aquí que yo crearé nuevos cielos y nueva tierra; y de lo primero no habrá memoria, ni vendrá al pensamiento. Mas os gozaréis y os alegraréis para siempre en las cosas que yo he creado; porque he aquí que yo traigo a Jerusalén alegría, y a su pueblo gozo Y me alegraré con Jerusalén, y me gozaré con mi pueblo; y nunca más se oirán en ella la voz de lloro, ni voz de clamor."

Hoy oramos gozándonos en una esperanza que no avergüenza y promete lo mejor para disfrutarlo durante ¡toda una eternidad! Amen.

DICIEMBRE 17

JEREMÍAS 15:16 "Fueron halladas tus palabras, y yo las comí; y tu palabra me fue por 'gozo' y por alegría de mi corazón; porque tu nombre se invocó sobre mí, oh Jehová de los ejércitos."

Hoy oramos saboreando la esquicitos y delicia que produce el comer su palabra que satisface y llena de gozo nuestro corazón, ilumina nuestro camino, ¡nos da energía para ser 'más que vencedores' Porque EL es Jehová de los ejércitos! Amen.

Aplicacion Personal

Peticiones

Respuestas

393

DICIEMBRE 18

_____
_____
_____
_____

Aplicacion Personal

_____
_____
_____
_____

Peticiones

_____
_____
_____
_____

Respuestas

_____
_____
_____
_____

JEREMÍAS 31:12-13 "Y vendrán con gritos de 'gozo' en lo alto de Sion, y correrán al bien de Jehová, al pan, al vino, al aceite, y el ganado de las ovejas y las vacas; y su alma será como huerto de riego, y nunca más tendrán dolor. Entonces la virgen se alegrará en la danza, los jóvenes y los viejos juntamente; y cambiaré su lloro en 'gozo' y los consolaré, y los alegraré de su dolor."

Hoy oramos recibiendo y celebrando una prosperidad completa, dando gritos de triunfo y gozándonos con danzas alegres de victoria, corriendo al bien, al pan y vino, símbolos de la Comunión, al aceite, símbolo del Espíritu Santo, ¡proclamando prosperidad y buena salud! Amen.

DICIEMBRE 19

JEREMÍAS 33:8-9 "Y los limpiaré de toda su maldad con que pecaron contra mí; y perdonaré todos sus pecados con que contra mí pecaron, y que contra mí se revelaron. Y será a mí por nombre de 'gozo' de alabanza y de gloria entre todas las naciones de la tierra, que habrán oído todo el bien que yo les hago; y temerán de todo el bien y de toda la paz que yo les haré."

Hoy oramos reconociendo y recibiendo toda la limpieza y pureza que nos otorga la gracia, el favor y la misericordia de nuestro Dios, Perdonador y Salvador, produciendo en nosotros gozo abundante, ¡y espíritu de alabanza y la promesa de bienestar y de toda paz que EL mismo provee! Amen.

Aplicacion Personal

Peticiones

Respuestas

DICIEMBRE 20

Verdades Biblicas

_____

_____

_____

_____

Aplicacion Personal

_____

_____

_____

_____

Peticiones

_____

_____

_____

_____

Respuestas

_____

_____

_____

_____

SAN MATEO 2:9-11 "Ellos, habiendo oído al rey, se fueron; y he aquí la estrella que habían visto en el oriente iba delante de ellos, hasta que, llegando, se detuvo sobre donde estaba el niño. Y al ver la estrella, se 'regocijaron' con muy grande 'gozo' y al entrar en la casa, vieron al niño con su madre María, postrándose lo adoraron; y abriendo sus tesoros, le ofrecieron presentes: Oro, incienso y mirra."

Hoy oramos imitando a aquellos hombres de lejanas tierras, que guiados y dirigidos por la Estrella llegaron al lugar preciso donde visualizaron lo más hermoso del Universo que los llevo a adorar y ofrecer dones; si, al Niño que nos 'fue nacido' 'Hijo nos fue dado' y nosotros también ofrecemos nuestra alabanza y nuestra adoración y ofrendas de valor. Amen.

DICIEMBRE 21

SAN LUCAS 2:8-11 "Había pastores en la misma región, que velaban y guardaban las vigilias de la noche sobre su rebaño. Y he aquí, se les presentó un ángel del Señor, y la gloria del Señor los rodeó de resplandor; y tuvieron gran temor. Pero el ángel les dijo: No temáis; porque he aquí os doy nuevas de gran gozo, que será para todo el pueblo: que os ha nacido hoy, en la ciudad de David, un Salvador, que es CRISTO el Señor."

Hoy oramos celebrando con el gran coro angelical el nacimiento más importante de toda la historia humana, ¡el nacimiento virginal de nuestro Señor y Salvador Jesucristo! Amen.

Aplicacion Personal

Peticiones

Respuestas

397

_____

_____

_____

_____

_____

_____

_____

_____

_____

_____

_____

_____

_____

_____

_____

_____

ISAÍAS 9:6-7 "Porque un niño nos es nacido, Hijo nos es dado, y el principado sobre su hombro: Y se llamará su nombre Admirable, Consejero, Dios Fuerte, Padre Eterno, Príncipe de Paz. Lo dilatado de su imperio y la paz no tendrán limite, sobre el trono de David y sobre su reino, disponiéndolo y confirmándolo en juicio y en justicia desde ahora y para siempre."

Hoy oramos celebrando el nacimiento glorioso del Rey de reyes y Señor de señores. ¡Que tiene un nombre que es sobre todo nombre, para que en el nombre de Jesús se doble toda rodilla de los que están en el cielo y en la tierra y debajo de la tierra, y toda lengua confiese que ÉL es el Señor de señores y Rey de reyes! Amen.

DICIEMBRE 23

ISAÍAS 7:14 "Por tanto, el Señor mismo os dará señal: He aquí que la virgen concebirá, y dará a luz un Hijo, y llamarás su nombre Emanuel. 'Dios con nosotros'."

Hoy oramos dando gloria a Dios por la voz de la profecía que centenares de años y siglos antes anunciaban el nacimiento virginal de nuestro amado Salvador y Señor nuestro, declarando su origen divino y su humanidad. Amen.

Aplicacion Personal

Peticiones

Respuestas

Aplicacion Personal

Peticiones

Respuestas

SAN MATEO 1:19-20 "José su marido, como era justo, y no quería infamarla, quiso dejarla secretamente. Y pensando él en esto, he aquí un ángel del Señor le apareció en sueños y le dijo: José, hijo de David, no temas recibir a María tu mujer, porque lo que en ella es engendrado, del Espíritu Santo es."

Hoy oramos celebrando la concepción santa e inmaculada de nuestro Señor y Salvador Jesucristo y la actuación de ángeles que con sabiduría informaron a José de lo ocurrido. Obra maravillosa del Espíritu de Dios. Amen.

DICIEMBRE 25

SAN LUCAS 2:10-14 "Y dará a luz un Hijo y llamarás su nombre Jesús, porque él salvará a su pueblo de sus pecados ... Os doy nuevas de gran gozo que será para todo el pueblo: Que os ha nacido hoy en la ciudad de David, un Salvador ... repentinamente apareció con el ángel una multitud de huestes celestiales, que alababan a Dios, y decían: ¡Gloria a Dios en las alturas y en la tierra paz, buena voluntad para con los hombres!"

¡Hoy oramos con gritos de júbilo y con gran alegría celebrando el majestuoso, maravilloso y santo cumpleaños de nuestro bendito y glorioso Señor Jesucristo!!

¡¡Su dulce nombre trae esperanza aún al más vil pecador y transforma la tristeza y el desaliento en gozo y energías nuevas para disfrutar de una completa paz!! ¡Aleluya! Amen.

Verdades Biblicas

_____
_____
_____
_____

Aplicacion Personal

_____
_____
_____
_____

Peticiones

_____
_____
_____
_____

Respuestas

_____
_____
_____
_____

SAN MATEO 28:7-8 "E id pronto y decid a sus discípulos que ha resucitado de los muertos, y he aquí va delante de vosotros a Galilea; allí le veréis. He aquí, os lo he dicho. Entonces ellas, saliendo del sepulcro con temor y 'gran gozo' fueron corriendo a dar las nuevas a sus discípulos."

Hoy oramos con gran alegría y gozo alabando a nuestro Dios, él lo dijo: "Yo soy la resurrección y la vida." ¡Cristo ha resucitado! ¡Él se revela en el presente por medio de su Santo Espíritu y por las Sagradas Escrituras transfiriendo a todo aquel que cree la vida eterna y el perdón completo! Amen.

DICIEMBRE 27

SAN LUCAS 24:50-53 "Y los sacó fuera hasta Betania, y alzando sus manos, los bendijo. Y aconteció que, bendiciéndolos, se separó de ellos, y fue llevado arriba al cielo. Ellos, después de haberle adorado, se volvieron a Jerusalén con 'gran gozo'. Y estaban siempre en el templo alabando y bendiciendo a Dios. Amén.

Hoy oramos llenos de esperanza y fe, alabando a nuestro Dios por nuestro Salvador quien completó la obra de nuestra redención y ascendió triunfante al lugar más alto de la gloria y sentado en su trono hoy reina y ¡reinará por todas las edades! Amen.

Aplicacion Personal

Peticiones

Respuestas

HECHOS 2:44-47 "Todos los que habían creído estaban juntos, y tenían en común todas las cosas … y perseveraban unánimes cada día en el templo, y partiendo el pan por las casas, comían juntos con alegría y sencillez de corazón."

Aplicacion Personal

Hoy oramos rogando a nuestro Dios que nos dé en el presente, el mismo sentir de nuestros hermanos en la Iglesia primitiva. Unidad, alegría y sencillez de corazón. Amen.

Peticiones

Respuestas

DICIEMBRE 29

SAN JUAN 15:9-11 "Como el Padre me ha amado, así también permaneced en mi amor. Si guardareis mis mandamientos, permaneceréis en mi amor; así como yo he guardado los mandamientos de mi Padre, y permanezco en su amor. Estas cosas os he hablado, para que mi gozo esté en vosotros, y vuestro gozo sea cumplido."

Hoy oramos declarando nuestra permanencia en su amor guardando sus mandamientos recibiendo su gozo en nuestro corazón, escuchando su dulce voz que nos alienta nos fortalece para que nuestro gozo ¡sea cumplido! Amen.

Aplicacion Personal

Peticiones

Respuestas

_____

_____

_____

_____

Aplicacion Personal

_____

_____

_____

_____

Peticiones

_____

_____

_____

_____

Respuestas

_____

_____

_____

_____

SAN JUAN 16:20 "De cierto, de cierto os digo, que vosotros lloraréis y lamentaréis, y el mundo se alegrará; pero, aunque vosotros estéis tristes, vuestra tristeza se convertirá en gozo."

Hoy oramos y aunque el camino atraviese el valle de sombras de muerte, ¡nuestra tristeza se convertirá el gozo! ¡Contemplaremos con gran satisfacción la derrota del enemigo, las causas que provocaban lágrimas y lamentos simplemente afirmaron nuestros pies para llegar al lugar del triunfo y el gozo del Señor! ¡Gracias Dios! Amen.

DICIEMBRE 31

COLOSENSES 1:10-12 "Por lo cual también nosotros, desde el día que lo oímos, no cesamos de orar por vosotros, y de pedir que seáis llenos del conocimiento de su voluntad en toda sabiduría e inteligencia espiritual ... fortalecidos con todo poder, conforme a la potencia de su gloria, para toda paciencia y longanimidad, con gozo dando gracias al Padre."

Hoy oramos en los umbrales de un Nuevo Año deseando que el gozo del Señor sea nuestra fortaleza en cada uno de sus días, y el conocimiento y compañía del Espíritu Santo nos conduzca de gloria en gloria y de triunfo en triunfo. ¡Amén Aleluya! Amen.

"Y perseverando unánimes cada día en el templo, y partiendo el pan en las casas, comían juntos con alegría de corazón, alabando a Dios, y teniendo favor con todo el pueblo. Y el Señor añadía cada día a la iglesia los que habían de ser salvos. Hechos de los Apóstoles 2: 46-47.

"HAZ UNA CADENA, PORQUE LA TIERRA ESTA LLENA DE DELITOS DE SANGRE, Y LA CIUDAD ESTA LLENA DE VIOLENCIA." EZEQUIEL 7:23

Aplicacion Personal

Peticiones

Respuestas

407

Printed in the United States
By Bookmasters